新冠肺炎下的職業棒球

卓子傑・著

疫情副作用

推薦序

病毒與紅土：翻轉台灣的正邪力量

文／謝文憲（台灣運動好事協會理事長）

寫疫情、寫歷史、寫棒球，這都沒什麼了不起，但如果用歷史的視角，搭配疫情的變化，詮釋棒球的意義，這一點非常了不起，筆名活力熊的作者卓子傑，絕對是領域內的佼佼者。

❖翻轉台灣的正邪力量

我在Kobe Bryant逝世一周年的日子，看到這本書的問世，腦中迅速回到一年前至今，世界與台灣發生的種種，快轉時無需設定轉速，畫面與文字，清晰又深刻。

台灣棒球在每位台灣人的心中，就像是生活的一部分，有它很正常，沒它不習慣，球迷說多，好像沒很多，一到國際賽，全台瞬間都變球迷，說不上來的感覺，可能就好像青少年之於爸媽，關鍵時刻出現就好，其它時間別來煩我。

連我要籌拍並投資的電影「阿興」，從製作初期以中職史上最長17局總冠軍戰當故事背景，最後經專家建議，都將棒球

元素淡化，轉而往黑道類型片推進，棒球，是台灣人又愛又恨的美好傷口，看起來就快好，又沒有徹底好。

疫情影響世界，台灣在眾志成城下，個人認為其影響已降至最低，無論是防疫前線單位、球團、聯盟、政府、球員與球迷，都完成這美好的一仗，沒想到這是讓台灣棒球被世界看見的美妙視角。

職業棒球永遠就不只有輸贏，除了輸贏以外，運動精神、經營生態、軟硬周邊、產業發展、球員故事、法令配套、社群經營等，都會是成功的關鍵。當然啦，在球團、球員與球迷的角度來看，球隊能贏是最好，球員KPI數字越漂亮越好，問題是：「職業運動如果傾斜成一隊獨大，只有一兩位明星，這會是我們要的嗎？」

❖ 疫情來襲下的年度Nice Play

職棒運動就像人生，順風順水久了，總是會遇到逆風溺水。

2020/09台南球場獅象戰第三局因暴雨來襲，緊急拉起內野大帆布，場務人員因為速度過快，發現有人被大帆布覆蓋，緊急並驚險爬出大帆布的該位工讀生，這個畫面讓我聯想到台灣在國際地位與世界體壇的窘境，不知該說工讀生幸運，還是台灣棒球八點檔般的辛辣？

看棒球四十二年的我，歷經台灣棒球的美好與黑暗，期待

我的有生之年，能夠看到台灣棒球登上亞洲第一。

　　病毒與紅土，翻轉台灣的正邪力量，有時，邪的是人，反而不是病毒，病毒或許是帶領台灣棒球走向另一契機的正面力量，端看我們如何詮釋狄更斯的名言：「最壞的時代，最好的時代」。

　　病毒侵襲人類，台灣紅土場上的棒球運動，將影響控制到最小，正邪勢不兩立的對決，正是翻轉台灣社會的絕佳力量，端看我們如何面對，本書給了我們完整的視角，與絕佳的剖析論述，一本撫慰台灣民心，一位頂尖運動作者筆下的職業棒球，值得一讀。

各界名家推薦

「不看成績、不讀紀錄,從社會觀察的角度帶你看中華職棒。」

——名球評曾文誠

「疫情加上運動媒體的變遷,為台灣棒球投下前所未有的挑戰,但透過子傑清晰的思路與文字,相信棒球迷都能理清這迷霧2020年的來時路,更能據此前瞻未來。」

——名球評陳子軒

「或許我們都因身在防疫成效卓越的臺灣,逐漸感到安逸並適應了過去一年來所發生的一切變化;從子傑脈絡清楚、具大局觀的書寫記錄,能回頭重新憶起這次史無前例的疫情衝擊,是如何改變了全球的運動產業發展,而圈內人又是如何展現智慧與勇氣來化險為夷。一起透過此書鑑往知來,再創新視界!」

——運動視界主編楊東遠

「運動賽事帶給社會大眾的不只是娛樂，更是一種超越宗教的凝聚力，而疫情帶給台灣運動產業的副作用都在本書細細詳載，從獨步全球開打的職業賽事-中華職棒娓娓道來，再從中找到運動產業的另一股新能量。」

——TSNA執行長卓君澤

「銳利筆鋒的背後，是一顆真正愛職棒、為職棒好的心。透過此書，您將了解的不只是疫情下的職棒產業，還有職棒之於台灣社會所扮演的重要地位。」

——作家李秉昇

「2020無疑是近代運動史上關鍵的一年，這本書像『萬曆十五年』一樣，記錄這巨大轉變的一刻。傳說中的庚子年大劫，還好60年才一次；謝謝子傑從各個角度都紀錄了下來。」

——暢銷書作家&美國非營利組織Give2Asia家族慈善主任張瀞仁(Jill)

目次

第八章　從頭收拾舊山河
疫情後的生機……136

前言

▌卓子傑與富邦悍將球星高國輝（上）、樂天桃猿林泓育（下）合影

　　2020年，世界體壇在新冠肺炎（COVID-19）的影響下遭受重大打擊，民眾消費與生活型態改變進而形成產業骨牌效

應；運動賽事戛然而止，球迷擔驚受怕之餘，心情更是無比苦悶。

疫情高漲的三月天，適逢各國職棒開幕時節，疫情如何影響美國、日本、韓國與台灣的職業棒球開季？在全球體壇幾乎全面停擺，體育周邊產業又陷入了怎樣的冰河期困境？

本書觀察側記疫情慘重的2020年全球體壇概況，並將焦點著重於世界最高棒球殿堂——美國職棒大聯盟所面臨的防疫危機與勞資困局，及全球率先開打並受全球體壇強烈關注的中華職棒如何在試圖爭取奧運資格並量身打造職棒賽程後，因應防疫從提前開季到二度延後，最終於防疫成功的背景下果決開打；從閉門開戰到逐步開放觀眾進場，其中有多少不為人知的商業抉擇？儘管注定虧損仍要逆風開戰，聯盟的考量點為何？

2020年是中職卅年歷史中擁有最高關注度的一年，在萬眾矚目的特殊賽季中，外部環境出現多少光怪陸離的疫情副作用？內部又存在多少由來已久的制度問題被各界廣泛討論？形成制度從權的深切原因何在？而作為百年老店，美國職棒的制度架構是否無懈可擊？

疫情終將過去，但產業、市場與生活型態還回得去嗎？疫情對職業運動的可逆與不可逆反應為何？面對民眾生活、消費模式的轉變，職業運動該如何化危機為轉機再次喚起觀賽熱潮？本書將提供個人觀察與見解提供所有讀者參考。

正文

那是最好的時代，那是最壞的時代；那是智慧的時代，那是愚昧的時代；那是信仰的時代，那是懷疑的時代；那是光明的時節，那是黑暗的時節；那是希望的春天，那是絕望的冬天；我們的前途富有一切，我們的前途也一無所有；我們全都在直奔天堂，我們全都在直奔相反方向……

——查爾斯・狄更斯（Charles Dickens），
《雙城記》（Tale of Two Cities）

第一章

不安倍增的
2020年開春

從邁入2020年的第一天起，世界體壇彌漫的不安感就在急速升溫；美國時間1月1日，前NBA總裁、帶領美國職業籃球邁向全球化榮景的偉大舵手大衛・史騰（David Stern），因腦溢血送醫搶救無效辭世，享年77歲；當籃球界仍在緬懷這位對職業運動推廣功勳卓著的前任領導人之際，1月26日正當華人圈沉浸於闔家團圓、歡度農曆年節的時刻，前洛杉磯湖人隊超級球星柯比・布萊恩（Kobe Bryant）與女兒共乘的直升機因天候不佳造成失事意外全機罹難的噩耗，再次震驚了全世界！

　　柯比在NBA的崇高地位不言而喻，其跨領域的影響力和商業價值，並沒有隨著2016年的退役而消散，他可以稱得上麥可・喬丹（Michael Jordan）後的籃壇第二人，無論你是不是他的球迷都很難不為這個消息感到錯愕與惋惜；在柯比辭世的悲劇發生後，「人生無常」一詞深刻烙印於群眾的心中；此一不幸消息以多語言跨國界在傳媒及社群被廣泛播送議論，頓時於全世界擴散群體傷痛效應，與農曆年應有的喜慶感形成強烈對比；年假結束後，當大家還在適應一周前體壇的壞消息與收假症候群時，沒有人預料到庚子鼠年對於體育圈的重創才剛要開始。

❖疫情席捲全球　體壇封館戒嚴

　　爆竹一聲除舊歲，臘月30走到盡頭，干支紀元就再次輪迴60年一度的庚子鼠年了。庚子年在歷史上是戰爭、饑荒與瘟疫頻傳的動盪紀元，略加回顧近代的4次庚子年究竟都發生了哪些大事：

1. 1840年，中英兩國爆發第一次鴉片戰爭，進而改變整個中國近代史；

2. 1900年，中國爆發庚子拳亂與八國聯軍之役；

3. 1960年，中國出現為期3年的大規模饑荒；

4. 2020年，爆發新型冠狀病毒，其後數月於全球流行，造成大規模確診感染與死亡病例，導致各國群眾恐慌及經濟大幅衰退。

　　庚子年這個近代史中充滿不祥氣息的紀年注定2020年絕不平靜，新冠肺炎的爆發先是帶來恐慌，而後改變生活，進而侵蝕產業；除首當其衝的旅遊、航空與餐飲服務業外，聚眾效應強大的職業運動產業受到的打擊也最為顯著。

　　新冠肺炎自2020年2月下旬起席捲全球，隨疫情升溫，歐、美各國政府從最初的輕忽怠慢，到後來發現嚴重性不容小覷後方始亡羊補牢，鎖國、封城、取消大型集會等防疫禁令開始陸續施行，而原先馬照跑、舞照跳的職業運動賽事，也在接連發生選手確診案例後由各大職業聯盟緊急宣布停賽；例如結

束了在芝加哥舉辦的明星賽後正在做例行賽最終排名競逐的美國職籃NBA。

NBA與NHL（國家冰球聯盟）的正規賽季，約略都是從每年的10月開幕，並持續進行到隔年4月中旬；當NBA結束2020年爭議不斷的全明星週、球迷仍在社群媒體上為2月15日灌籃大賽擔任評審的前熱火隊球星韋德（Dwyane Wade）評分不公的事件吵得不可開交之際；不足一個月後疫情就找上門來；美國時間3月12日猶他爵士隊明星中鋒戈貝爾（Rudy Gobert）成為NBA首位確診球員案例，聯盟也立即宣布無限期停賽；隨後NHL、MLS（美國足球大聯盟）和MLB（美國職棒大聯盟）等職業運動都先後宣布封館；至於全球最受歡迎、收視人口最多的職業足球，隨疫情在歐陸迅速蔓延，歐洲5大足球聯賽之義甲、西甲、德甲、法甲和英超也接連封館停賽；這些頂級足球聯賽的賽季是從每年8月進行到隔年5月，而在疫情影響下，4月29日法國足協宣布法甲賽季直接結束，當季不再復賽，成為5大聯賽中第一個直接中止賽季者。

熱門運動項目中，少數倖免於難的是2月初就已經打完超級盃並結束賽季的NFL（國家美式足球聯盟），NFL的賽季在每年8月開始，並於隔年2月結束；而受疫情影響最多的聯盟，除了進行大半個賽季卻在季後賽前被迫中止的NBA與NHL外，就屬與疫情爆發和升溫期幾乎完全重疊的各國職業棒球。

扣除南半球澳洲職棒與冬季聯盟賽事，台灣、美國、日

本、韓國等我們較熟知的職棒聯盟，賽季起訖時間大約在3月下旬起到10月底打完總冠軍賽後結束；美國職棒每隊一年至少有162場例行賽，NPB（日本職棒）與KBO（韓國職棒）的例行賽大約為140場，中華職棒則是120場；棒球季前置準備在2月開始啟動，進行春訓和自辦熱身賽，3月起官辦熱身賽開打，緊接著就是迎接3月下旬或4月初的正式開幕，而2020年職棒熱身賽啟動的時間點與新冠疫情最嚴重的時期剛好強碰。

或許棒球迷和劇迷們還記得2019年底一部非常叫座的韓國連續劇《Stove League》（台譯：金牌救援）；此劇是2019年12月中旬首播的韓劇，極罕見以韓國職棒球團管理階層在休賽季期間勵精圖治，在奄奄一息的墊底球隊挽狂瀾於既倒的好戲；此劇在台灣播出的時間是2019年12月13日，一路連載到2020年2月14日，在棒球休季的冬天掀起另類的「職棒熱潮」。

劇迷追隨主角「最帥球團經理人」白承洙團長（南宮珉飾）的腳步，看他力抗職棒陳腐體制，讓韓國職棒戰績與球隊氣氛最爛的球隊鹹魚翻身，最後功成身退，完成休季補強與重建工作後，於劇中的2020年3月28日、韓職開幕戰中飄然退場，結局餘韻繞樑不絕，當時有眾多粉絲在討論劇情時開玩笑道：「希望韓職3月28日的開幕戰取消，這樣白團長與球團的合約中『在3月28日開幕戰辭職』的條款就會作廢。」沒想到真實世界中一語成讖，韓國職棒在2020年的3月底真的無法如期開季。

韓國是亞洲最早爆發大規模疫情的國家之一，至2020年3月初韓國就出現高達6,000名以上確診病例，原先防疫管控得宜，卻在新天地教會廣布迷信教義和錯誤防疫觀念、進行了毫無警覺性的大型宗教集會後爆發海量感染，防疫失控連帶影響到韓國職棒的開幕時間，KBO後來直到5月5日才以閉門方式展開球季首戰。

　　亞洲最強的棒球國家日本，在疫情發現初期比韓國更為輕忽怠慢，直到防疫失控後全國才進入近乎戒嚴的緊急狀態，自然也影響到日本職棒的開季；3月26日阪神虎隊投手藤浪晉太郎成為日本職棒首名球員確診案例；緊繃的狀況直到5月25日日本政府宣布解除東京和北海道等五都道縣緊急狀態後，全國長達1.5個月的禁令才全數解封；解封後日本職棒也在5月下旬正式拍板定案，確定於6月19日正式閉門開打，各隊在5個月內進行120場例行賽，並表定於11月21日進行總冠軍賽。

❖體育賽事　災難中不可或缺的民心撫慰

　　當社會動盪、國家或城市遭逢重大天災人禍之際，屬地球隊與體育賽事會肩負起平復傷痛、撫慰民心的任務，職業運動隊伍的成績與精神會對群體心理創傷有激勵療癒的功效，例如2013年波士頓馬拉松爆炸案發生後，屬地職棒球隊波士頓紅襪隊所起到的作用即是經典範例。

2013年4月15日，世界6大馬拉松之一的波士頓馬拉松發生爆炸案，波士頓居民人心惶惶，即便事發已過數日，驚魂未定的民眾仍因心有餘悸而不敢外出。

爆炸案發生5天後，紅襪隊在主場芬威球場（Fenway Park）進行賽前紀念和表彰儀式，邀請在爆炸案發生後英勇救危的警消人員接受滿場波士頓球迷的起立致敬，而當年紅襪隊球團工作人員臨時找了剛傷癒復出的球隊精神領袖「老爹」大衛・歐提茲（David Ortiz）致詞，凝聚驚疑未定的波士頓民心。

"This is our fucking city. And nobody is going to dictate our freedom. Stay strong."（這是我們的城市！沒人能干涉我們的自由，永保堅強！）

歐提茲穿著胸前繡有城市名「Boston」的主場白色球衣、手持麥克風堅定的呼喊出內心感受，此時此刻他不僅是以紅襪球員的身分談話，而是以一個波士頓人發自內心訴說對這座城市的情感，這席擲地有聲的發言霎時間激勵了整座城市的居民，讓浮動不安的人心再次凝聚，凜然無畏。

半年後，歐提茲在美聯冠軍系列賽對上底特律老虎隊的第2戰敲出令人永難忘懷的關鍵追平滿貫砲；當時老虎隊外野手杭特（Torri Hunter）為搶接這發即將出牆的全壘打，連人帶手

套一齊翻出全壘打牆外，也無法阻止老爹的驚天一擊，這發全壘打讓雙方氣勢為之逆轉，紅襪最終淘汰老虎，並在世界大賽上乘勝追擊打敗紅雀，拿下波士頓紅襪在進入21世紀後的第3座總冠軍。

2013年是波士頓人乘坐雲霄飛車的一年，前年紅襪才以69勝93敗在分區墊底，新賽季前被各方看衰，開季不久後又碰到馬拉松爆炸案，全城陷入淒風苦雨、愁雲慘霧的低氣壓；但在歐提茲的主場演說後，紅襪隊彷彿找回當年不畏「貝比‧魯斯魔咒」的勇猛頑強，先在例行賽勇奪美聯東區王座，又在季後賽接連過關斬將笑擁金盃，用實際表現讓看衰他們的球評跌破眼鏡，也驅散了壟罩在波士頓人心頭的烏雲。

再次成為冠軍隊的紅襪按照慣例於波士頓城進行封王遊行，遊行路線聚攏上萬居民共襄盛舉，隊伍從芬威球場出發，一路遊行至查爾斯河，途經波士頓馬拉松終點線（爆炸案事發地點）時，紅襪球員紛紛向事件罹難者致意，並帶著總冠軍盃到馬拉松終點線上將繡有波士頓區碼「617」的球衣披覆於金盃上，《天佑美國》（God Bless America）的樂聲於此同時悠揚響起，從老爹振奮人心的演說開始，一座堅強的城市、一支偉大的球隊，引領著無懼的市民，共同見證這趟奪冠的奇幻之旅，曾經遭逢的創傷與打擊終能雲淡風輕。

■ 空蕩的體育場館，是疫情衝擊下的初級效應。

❖頓失心靈支柱　空虛難以言喻

> 「死忠棒球迷每年都在深冬沉睡，直到春天球場雪融以
> 後方從冬眠裡甦醒。」

這就是棒球迷的作息，好比美國棒球愛情喜劇《Fever Pitch》（台譯：愛情全壘打）一劇中，吉米・法隆（Jimmy Fallon）飾演的紅襪球迷，在休季期間整個人渾渾噩噩猶如遊魂般毫無生活重心；球季開始後則陷入棒球狂熱，即便身處重大約會時心中也老是惦記著比賽；試想當你人生受挫，心情苦悶、憂鬱甚至感到恐慌的時候，卻連看棒球紓壓分散注意力的機會都沒有，打開電視後體育台只有重播到爛的歷史賽事，沒有Live比賽任你大聲嘶吼，連噓裁判和咒罵好球帶的機會都沒

有，那將會是何等苦悶的處境？

　　2020年的新冠疫情，就是毫不留情的給予全世界球迷如此苦悶的春季。

　　棒運發展良好、擁有大量球迷關注的美國、日本、韓國，恰是此次疫情較為嚴重的3個國家，3國職棒受程度不一的影響造成延後開季甚至持續封館，亞洲國家的職棒在防疫措施進行後陸續出現復賽曙光，而美國職棒除了提防疫情，更卡在勞資拉鋸而遲遲未能開季，球迷鬱悶可想而知；即便在防疫狀況相對良好的台灣，中華職棒也依然因為3月疫情首當其衝而推遲了開幕戰時程，少了中職的3月天，好比晚餐桌上少了一道配菜，媒體沒有賽況可以撰寫、球迷缺少茶餘飯後的談資；少了中職，對台灣球迷當然有差，至於影響多深？我們就必須探討台灣人對於常掛在嘴邊的「國球」運動到底多有熱忱？還有必須進一步了解的是中華職棒這個支撐台灣「國球」的職業聯盟，到底具有怎樣的重要性？

第二章

中華職棒在台灣

❖台灣人愛棒球嗎？

　　台灣人真的愛棒球嗎？這是個好問題！如果從每次國際賽「相信中華」的熱潮來看，台灣人好像真的挺愛棒球的；但如果從細算「台灣能在校區內從事棒球運動」的學校數量、以及「可開放民眾打棒球的社區球場」數量觀之，台灣似乎又沒有這麼愛棒球了。作個簡單的調查，小時候曾因在學校裡打棒球而被檢舉，被訓導主任、教官、班導訓斥、被沒收球具、電聯父母，假日被叫去學校進行打掃或基本教練懲處的請舉手。

　　我先作答，我有。

　　我想這應該是很多人的共同經歷，因為學齡期間的風氣不普及，隨著年齡漸長，校、社區的棒球氛圍也愈淡，你離棒球這項運動也漸行漸遠。

　　2020年，適逢台北市社子島河濱棒球場傳出有人建議拆除改建公園的消息，這個坐落於基隆河百齡段的棒球場，可以說是棒球愛好者的遊樂場，也是維繫台灣社區棒球熱情的重要場地；如果說棒球真的是台灣人深愛的運動，這樣的場地應該要在推廣下於全台縣市內遍地開花，而不是瀕臨「碩果僅存」的狀態為生存而戰，令人感慨。

忘掉那些拍攝風格唯美，其實很不貼近現實的三級棒球形象廣告，把「台灣甲子園」這類包裝得很漂亮的口號拋諸腦後、再撇開國際賽才湧現的萬頭攢動盛況，應該能夠認清現實是台灣人真正愛的不是棒球，而是贏球。

即使逆耳，但事實如此，只有贏球時棒球才是台灣的國球；無論多少人喊著「體育歸體育、政治歸政治」，但**國際賽事其實是各國昇平時期戰爭的另一種呈現方式**，無可避免會有政治力延伸，當各國不動刀兵時，體育競技就是和平時期的國戰、賽事舉辦時的行銷就是大外宣、比賽的成績則是國力的呈現。

棒運在台灣的發展脈絡與政治需求向來很難脫離關係。70年代後期，台灣的國際聲勢下墜，外交局面漸趨弱勢，不安氛圍深植於人民心中，在首章時我們提過，排解不安最快的方式就是透過運動比賽轉移焦點、尋求慰藉，而當時最好的媒介就是棒球比賽，因為選擇獲勝機率較高的賽事當然更有療癒感，「能贏球就是國球」的觀念，早在那個年代就已經埋下種子生根發芽。

1969至1996年的27年間，台灣在美國威廉波特世界少棒錦標賽拿下多達17次的冠軍，三級棒球6度豪取三冠王（年度青棒、青少棒、少棒三料冠軍），台灣政治與棒球界看待這些棒球比賽的心態是「爭取曝光、拉抬聲量，揚名國威於海外」，和美國舉辦賽事時盼望參與學子們「透過運動砥礪健全身心、

▍讓民眾能夠從事棒球運動的場地普及推動，還有很漫長的道路要走。

瞭解團隊合作與運動家精神」的初衷已然大相逕庭。

　　但中華隊畢竟是常勝軍，因此台灣面對棒球國際賽時無論政府、民間團體都願意投入較多的資源與情感，正是在此時空背景下，台灣土地孕育出陳金鋒、王建民、郭泓志、曹錦輝、謝佳賢、彭政閔、張泰山這一批對台灣近代棒壇影響至深的超級球星；這批台灣棒球黃金梯隊成員，正是在「贏球才是國球」的社會氛圍中成長茁壯的一代，而他們的棒球生涯也在職棒與國際賽場上反覆奔忙，鞠躬盡瘁地為職棒帶來一波波猶如強心劑的復甦熱潮。

　　棒球運動在台灣的發展和國際賽有著密不可分的關係，從過去三級棒球時代紅葉、金龍、三冠王榮銜，到近代亞、奧運、世界棒球12強賽、世界棒球經典賽（World Baseball

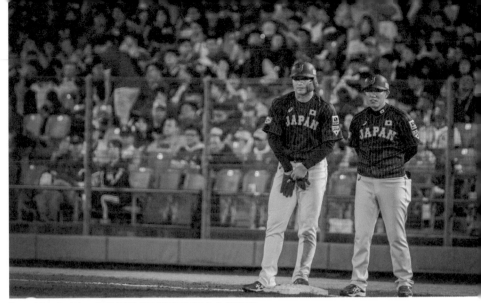

亞洲棒球列強，與美國看待國際賽的觀念大相逕庭。

Classic，簡稱WBC）等等，直至今日台灣社會都還充斥著大量的國際賽潛水球迷抱持著「為國爭光是選手天職」的復古想法。

而同樣身為棒球重點發展國家，美國、日本和韓國又是如何看待國際賽？我們就以當今世界競爭水平最高的棒球國際賽——世界棒球經典賽的狀況觀之。

首先看主辦國美國，山姆大叔如何看待經典賽？大聯盟各職業球團對於陣中球星打經典賽的態度趨於保守，美國職棒是世界公認的棒球最高殿堂，即便沒有經典賽桂冠加持，也不可能動搖他們世界棒球頭號交椅的地位！美國人自稱大聯盟總冠軍賽為世界大賽（World Series），而稱美國職籃NBA冠軍隊為世界冠軍（World Champion）得主，可能會讓不少人覺得妄自

尊大，但卻無法否認該職業聯盟冠軍隊即為世界最強球隊的客觀事實；因此大聯盟各球團高層對於自家球星的參賽即便不明確反對，也很少抱持鼓勵態度。

於大聯盟球星自身而言，為了能在世界最強的職棒聯盟有個偉大且名利雙收的職業生涯，從自身利益出發、婉拒國家隊徵召者所在多有，因為大聯盟不需要靠國際賽冠軍頭銜證明實力、撫慰國民，更不需要靠國際賽刺激票房和國內棒球熱度，棒球是美國人生活的一環，打棒球是父子、祖孫代代相傳的回憶，是全民運動、是基礎堅實的國球，不可能、也不需要靠國際賽短暫的刺激來拉抬風氣。

正因美國看待國際賽的態度及國家隊組成方式偏向順其自然，所以各層級國際賽中陣容常常不是眾星雲集的夢幻隊，這反倒讓中、南美或亞洲棒球列強們有機會在美國舉辦的頂級賽事中一挫山姆大叔「世界最強」的威名，組成比美國更為堅強的國家隊陣容，以奪冠為首要目標出征，例如日本與韓國就是。

相對於美國，從組訓制度、總教練契約化、長期固定隊型集訓和默契培養的配套作法觀之，日本隊確實遠比美國積極，因為日本也是一個喜歡以攫取「世界冠軍」榮銜作為民眾慰藉的亞洲國家，所以從複數年契約專任聘用國家隊監督為起點，打造為期4年的「世界冠軍奪還」計畫，日本人踏上征途是來打仗而非交流，他們是認真的想搶世界冠軍，也不在乎美國選

手是否輕鬆看待經典賽，只要比賽是美國辦的、是公認的頂尖賽事，而最後金牌是由日本隊拿到的就可以了。

我認為亞洲棒球國家都有不同程度的「自傲掩飾自卑」的民族情節，不只是日本，台灣和韓國更是，由於世界體壇的競技地位老是矮美國一截，本國職棒被貶為次級或次次級聯盟，缺乏世界頂尖賽事的冠軍作為「強權血統證明書」，老是覺得「Ｘ！我們的數據紀錄不被美國人認可！」其實歐美各國不一定真的都在笑你，就算有人笑也沒我們自以為的這麼多人探討，多數時間其實都是自卑心態爆發後自家人狂貶自家人。

總而言之，亞洲諸國長年有此情節，總有點「等我國旅美球員在大聯盟揚眉吐氣、國家隊在一級賽事打敗美國，看誰還敢評價我們是次級聯盟」的味道，看到成績驗證，潛藏的自卑就得到了救贖，以往低下的頭也抬得比任何人都高；我認為這是亞洲棒球強權看待國際賽的共同想法，如有觀察各國球迷的社群論壇不難發現「奪金爭口氣」的救贖情節是亞洲球迷共有的潛在心理，台灣一直渴望打敗日、韓，而日、韓想打敗的對象先是彼此，而後共同敵人都是美國。

日本職棒在野茂英雄證明日職頂尖投手一樣可以在美職生存後，又覺得只被評為「投手聯盟」很不是滋味，直至千禧年後鈴木一朗與松井秀喜相繼在大聯盟綻放光芒，日本人終能挺起胸膛為「日本打者同樣可以稱雄美職」而驕傲；這樣的民族

救贖在2006年首屆WBC日本隊奇蹟晉級並奪下金牌之後達到巔峰！即使日本人完全知道大聯盟與日職的客觀實力落差仍在，但他們依然享受世界冠軍帶來的快感，這也是為何當年掌兵的王貞治監督能在功臣身退後於日本人心中達到前所未有的高度，因為他確實帶領日本武士們在世界一級賽事的群雄逐鹿中殺出重圍，完成了日本人「世界第一」的野望。

❖假球案後國際賽的續命奇蹟

　　亞洲的職棒票房確實很吃「國際賽特效藥」這一套，雖然日本已經是亞洲棒球金字塔基底最堅實、最接近棒球生活化的國家，但國際賽成績對於職棒票房仍有相當程度的提振效用；這點過去在台灣更是如此，仔細回顧中華職棒歷史中歷經多次的假球案重創以及兩聯盟分立惡鬥後是怎樣絕處逢生、如九命怪貓般續命再起的？仰仗的就是台灣人對國際賽好成績的癡迷，以及隔年職棒賽季猶如打了雞血般的票房提振效益。

　　2001年底的世界盃棒球賽，陳金鋒對日本的雙響砲轟醒了欲振乏力的中華職棒，挽救此前3年觀眾場均不足2,000人的票房窘境，搭配兄弟象隊締造二度三連霸的黃衫王朝，千禧年後首波職棒回溫於焉降臨；但隨後2005至2009年賽季歷經黑熊、黑鯨、黑米、黑象事件，假球案一年一爆接連重創中職，觀賽

票房再度雪崩，即便當時職棒已逐年邁入新型態行銷，場均觀眾依然難以跨越3字頭的低標門檻。

　　直到2013年季初第3屆世界棒球經典賽開打，中華隊先在預賽以1分之差惜敗南韓後晉級複賽，留下熱血主播徐展元含淚金句「真的好想贏韓國」，後又在8強賽中與尋求3連霸的衛冕軍日本隊打了一場捨身忘死的鏖戰，最終才又以1分之差「雖敗猶榮」。

　　雖然遭到淘汰，但經典賽中華隊的好表現餘韻不絕，爆量國際賽一日球迷心中的棒球火苗瞬間竄起，助長火勢持續延

燒者是從興農手中買過球隊並改組為義大犀牛的義聯集團；義大球團2013年不惜血本找來前波士頓紅襪隊的超級重砲曼尼（Manny Ramirez）助拳，這位中職史上最大咖洋將，除了具備天生的球星魅力，還有昔年王建民洋基年代熱潮席捲全台時，曾與建仔多次交手的群眾記憶，這讓曼尼來到台灣後具有超乎想像的吸票力，無論內行球迷、國際賽迷、追星族還是跟風者，都開始湧入中職一睹巨星丰采，喜出望外的中職球團行銷們也不失時機的各展所長，設法瓜分了當年湧進球場的大量一日球迷，培養為後續幾年各球隊熱區票房的固定客群。

　　機會是給準備好的人，已具備新時代行銷商法和商品質感的職棒團隊，碰上可遇不可求的國際賽熱潮，不撿尾刀更待何時？中華職棒場均觀眾數在2013年賽季終於再次突破6,000人大關，在曼尼旋風結束後近6個賽季，中職場均人數持穩於5,500人之譜，對照過去歷史，多次歷經假球風暴，又都能在國際賽後讓票房回流，這種續命方式簡直就是職業運動史上的「奇蹟」；由此觀之，發展職棒的亞洲諸國，看待大型國際賽的態度會比歐美國家存在更多幻想也就不足為奇了。

❖國際賽這帖興奮劑

　　當每年場均觀眾數僅持於5,500人，且停滯期超過5年後，如何再次成長到下一個票房區段，就成為媒體與球迷不斷研討

的議題。

中華職棒歷史超過30年，最近一次的票房復甦期就是上述的2013年，此前3年進場數礙於假球案影響，處於舔舐傷口的療傷期，那時不離不棄的入場球迷都曾體驗過「買一張內野票可以自己躺一排」的淒涼情景，不需要任何禁制令就能長保「社交安全距離」；這個困境直到2013年經典賽後才找到突破口。

當然，任何興奮劑都有時效性，藥效褪了以後還能留住多少球迷端看聯盟、球團自身的經營手段，當時Lamigo桃猿（現樂天桃猿）甫將主場從高雄北遷至桃園，在主場經營策略、歌舞化應援及主視覺商品設計等革新項目如火如荼的開展後，經營質感逐年提升，搭配國際賽興奮劑的藥效這才一拍即合，桃猿的新商法從那年起始廣為人知；2013年起猿隊除了擴充球迷基本盤，也連帶刺激各隊擺脫土法煉鋼的傳統商法，推動職棒進入重視運動行銷的嶄新時代。

細數近年中職行銷策略，從主場認養、軟硬體更新、商品設計生活化、主視覺潮流化、美女啦啦隊和歌舞應援等等，只要是球迷願意買單的創舉各隊都從善如流，在沒有外力干擾，又有國際賽效益加持、加上各隊行銷能力的進化，中職終能又一次度過難關、得到穩定票房，自2013年起連7年總入場數突破百萬、場均觀眾數都在5,000人以上，這已經超越了中職元年至6年的首波榮景，直到2020年因應防疫需求才中斷了這項

紀錄。

在疫情以前，中華職棒就已經面臨「票房成長停滯期」的課題，維持四隊規模的僵化情況下即使行銷手法推陳出新，票房也只能持平並祈禱不發生任何負面或突發事件造成劇烈跌幅，例如假球案或疫情。

中職近年票房停滯的原因，我歸納為以下幾點：

國際賽的失利：承前所述，中華職棒票房至今能在多次動盪後平穩過渡，仍仰賴國際賽上國手的好表現，過去假球案中曾折損無數當打之年的球星與流失數以萬計的心死球迷；如今票房能回溫至職棒初年的9成水準，現今球迷組成結構已非過去心死已極的球迷回流；除了從沒放棄過中華職棒的極少數鐵粉外，現絕大多數的球迷都是在成績斐然的國際賽後，被球團因勢利導留下的「前一日球迷」。

2013到2015年，也就是從第3屆經典賽到首屆世界棒球12強，中華隊雖沒爆發性的賽果突破，但台灣打者的顯著進步和好表現依舊改變了往年中華隊貧打的刻板印象；然而2016年起後3年（第2屆12強賽以前）的職棒賽季，台灣因在國際賽上沒有顯著的好表現，因此難逢「國際賽興奮劑」的服食契機，誠如上述，無論喜歡與否，台灣職棒的觀賽熱度和國際賽成績仍舊脫離不了關係，因為淺層大眾的國球不是棒球，而是贏球。

順帶一提，因為2019年底第2屆世界棒球12強賽台灣打進複賽且表現令人激賞，甚至有國手奪得賽會個人獎項，本來這

次的佳績「藥效」作用於職棒賽季應當出現在2020年，極可能成為突破場均天塹的新契機；然而人算不如天算，肺炎疫情早一步改變了體壇發展的走向，費盡千辛萬苦打了一針高劑量國際賽興奮劑卻因閉門開打無法收效，只能說老天爺不給的真的要不到。

隊伍數量太少，對戰組合缺乏新鮮感：中職一軍維持4支球隊的規模已經超過10年，缺乏新鮮感已是不爭的事實，4隊再怎麼排就是那些對戰組合，全年例行賽單一組合正面交鋒數高達40場，即便在季後賽或台灣大賽狹路相逢也很難激起新的漣漪。

隊數少是中職30年歷史中超過一半時間都存在的問題，即使味全龍回歸以後也會有為期不短的票房陣痛期，上古時代的老龍迷絕對不會是這支全新擴編球隊要培養的未來主力收視族群，千萬別預估回流球迷的數量能多到作為收視基本盤，最好把味全龍當作一支全新球隊，未來5年都將是這支新球隊拉低一軍場均票房的陣痛期。

獨強壟斷：桃猿從2012-2019的8年間拿下6次冠軍，包含一次2連霸和一次3連霸，過去在國外的職業運動史已經證明一個職業聯盟在文化底蘊的塑造成功，強大的王朝是必不可缺的要素，因為成功的王朝有利於職業聯盟對球迷敘說歷史故事；但長期壟斷、霸業過長的王朝（超過3連霸以上），會為職業運動帶來收視率提升障礙，因為比賽結果沒有懸念，缺乏群雄逐

鹿的刺激感，收視率與觀賽數難以提升也是可想而知之事。

收視管道多元，影響進場意願：先聲明我非常樂見多元收視渠道的蓬勃發展，自從2013年職棒熱度復甦，中職轉播權漸成奇貨可居的商品，各大平台爭相競逐。如今收視管道眾多，如CPBL TV、愛爾達、YAHOO TV、麥卡貝網路電視、WIN TV、Eleven sports、Line TV、緯來體育台等頻道都能看到中職賽事，這是球迷的福音，但也無可避免的會稀釋進場觀眾，當部分球迷長年習慣不受任何任何角度與天候條件限制、躺在家中沙發上舒服收看比賽以後，要讓這些人願意「放下宅、衝現場」，勢必要有更多行銷面誘因才行，而這點又與下點環環相扣。

行銷模式的賞味期限：任何事物都有賞味期限，再棒的行銷模式也不例外，無論勝利煙火、歌舞應援、美女啦啦隊、主題派對或賽後演唱會，6年前任何讓球迷驚豔無比的球場體驗，都會隨著時間推移而走入慣性和麻痺期，即便過去這套成功模式已經幫助中職維繫住票房基本盤，但要百尺竿頭更進一步，實不可能因循同套模式達成目標。

以現有的市場規模和棒球熱度而言，能被這套行銷模式吸引並持續進場者也就是停滯在現在的數量了，這些老客群會持續掏錢，但維持現狀已不會帶來更多新觀眾。

棒球在台灣仍屬娛樂市場小眾：喜歡棒球的人或許不願意承認，但我必須說這就是現實，承本章開篇所言，台灣號稱棒

球是「國球」，但卻並沒有落實推動此項運動走進國民生活，最顯見的例子就是前面說過的校園禁打棒球，戴手套在學校傳接球被師長關切的例子俯拾皆是，既然文化建立和生活普及都未能深耕，自然不可能成為消費市場的主流，棒球運動的收視戶在台灣2,300萬的人口數中佔比實在低得可以。

職棒票房消費的競爭對手是KTV、電影院、遊樂場、親子樂園和演唱會等等項目，這些大部分民眾從學生（或童年）時代就浸淫良久的選項，比起進場看棒球顯得更大眾化，也有更多人願意為這些娛樂掏腰包；但願意買票看職棒者，以一個號稱「棒球是國球」的國家而言真的是很少。

平心而論，中職各隊近年的行銷已經逐漸進化，從主場經營、軟、硬體設備加強、商品開發、主題日活動和異業合作模式等多角並進，各隊球迷對自己支持球隊的認同感也與過去大不相同，這確實培養出一批打死不退、死忠擁戴球隊的球團粉、基本盤，但**要想擴大整個台灣棒球市場的票房基底，還是必須朝著內部增隊、改制，外部參與「真正頂尖層級」的國際賽事取得好成績的多項目標進行努力**（至於何謂真正頂尖層級？容後一章再表）。

贏球治百病，增加球迷的行銷方式百百種，但最有效的行銷其實還是贏球，愈會贏球的球隊，球迷花錢的機會就愈大，但一個職棒聯盟每年只有一個冠軍隊，要終止獨強造成的疲乏，增加對戰組合除了能增添新鮮感外，還可降低選秀會上

各隊大物獲得機率，增加衛冕者補強變數、終止強者恆強的態勢。

增隊後吸引新球迷進場很難速成，需要天時、地利、人和襄助，而對台灣而言最關鍵的突破點即是在「真正頂尖層級」的國際賽打出好成績然後再吸引一波一日球迷進場看球，國際賽只要打得好，潛在球迷就願意給中職機會留住他。

每次國際賽時，台灣大量潛水球迷會浮出水面，這些原本世界中彷彿棒球不曾存在的沉默大眾，會忽然在國際賽中展現無比熱情；只要中華隊的賽果和國手的表現令他們留下深刻印象，他們會願意把關愛目光延伸到隔年職棒賽季，給予中職一

▌今日的一日球迷，都有可能是職棒未來的萬世之基。

個留下他們的機會，一日球迷其實不是貶義詞，因為包含你我在內，所有球迷都是從一日關注開始的。

每當國際賽中華隊被淘汰後，7成以上一日球迷的棒球嘉年華就結束了，但是很有趣的是，從臉書好友動態你會發現「很多我原本以為完全不懂棒球的朋友們其實是看得懂棒球的！」這個發現令人驚喜，他們可能對新世代的國手並不太熟，對近代棒球趨勢也認知不足，無法跟老球迷侃侃而談，但他們看得懂棒球、也會在適當的時機點被點燃看球慾望，這就是市場潛力！

潛在即是「錢在」，2013、2017是經典賽年、2015和2019年底是12強賽年，其實各職棒球隊行銷部規劃來年活動主軸時，或多或少都會因應國際賽有優異表現的球員作重點包裝行銷，試圖延續國際賽熱潮，將國際賽後的一日球迷拉攏為自家球隊，哪個聯盟、哪支球隊的競技水平更好、行銷本事更強，球隊體質就會比別人更好，服食國際賽興奮劑後的藥效也就會更強更持久些。

人人都是從一日球迷開始的，12強國際賽這帖興奮劑如不是2020年運氣不好碰上疫情，或許球迷本有機會見證中職又一次突破觀賽場均人數瓶頸，可惜這個如果已無法驗證，因為12強的餘威已過，現在全世界人類的關注焦點都是疫情何時會受到控制；疫情過後，社會大眾對於聚眾型娛樂場所必然會有一段時期的不信任感，所以短時間之內票房很難再有波動，民眾

恐慌和聚眾習慣恢復，也只能交由時間淡化、改變。

此外須強調，國際賽效益只是個起頭，一旦球迷願意拋出橄欖枝給職棒機會，後續是否對特定球隊產生認同，進而接受職業球團的生活化行銷，讓賽事、商品都走入自己的日常生活，還是端看各球團的本事，國際賽的一日球迷願意留下，且對中職球隊產生歸屬感的鐵粉變多，球團營收自然會增加，職棒經營也會變得更好，職棒發展的更好，職業選手參與國際賽相對更容易打出好成績，**自然會發展為魚水相幫的正向循環**。

❖中華職棒對台灣棒球發展的重要性

上述大致解答了台灣人愛不愛棒球的問題，也可窺見中華職棒對於台灣棒球發展的重要性。

職業棒球是一國棒球發展的金字塔尖端，與該國整體棒運發展有著密不可分的關係，因為有職業聯盟供學子作為投身棒運的未來職志，學生家長們也相對較願意讓孩子將青春投資在棒球訓練上，如此一來，基層棒球的人才寶庫獲得挹注，金字塔地基的結構才得以紮實。

有了紮實的三級棒球基礎，提升業餘棒球界的整體強度，職業棒球才有源源不絕的人才庫，業餘、職棒、學生棒球是相互依存、共生共榮的關係，這三者綜合而成一個國家的整體棒球實力，整體實力強，更能在國際賽取得佳績；而國際賽成績

好，短期利益是拉抬職棒票房，長期利益是棒球項目媒體聲量大漲，讓政府與民間企業認定棒球是足以讓台灣（及企業品牌）揚名立萬的投資標的，於是政商團體會前仆後繼的將資源挹注於棒球運動的發展與推廣，**這又是另一個正向循環。**

因此，中華職棒的存在對台灣棒球的發展極其重要；反過來說，只要沒有中職，台灣三級棒球將失去大量從業人口，台灣將在產業負循環中失去棒球競爭力，國際賽不再有好成績，社會大眾會發現棒球無法贏球，自然而然對這項運動的關注度就會降低，自此棒球就會從民眾口中的國球，變成乏人問津的冷門項目，這就是中華職棒存在對台灣棒運發展的重要與必要性。

從觀賞價值來說，中職競技水平確實不如美、日職棒，但在死忠球迷的生活中職棒到底扮演怎樣的角色？我認為中職是家裡晚餐飯桌上的一道菜，多了下飯、少了也不會餓到，但如果今晚飯桌沒有這道菜，會讓人覺得好像少了一味，每逢週一和因雨延賽的夜晚，那種少了啥卻說不出來的空虛，就是飯桌少了一道菜的感受。

看中職比賽，你會習慣嫌棄時間太長，但比賽開打時你還是會打開電視，然後聽著習以為常的轉播講評和場邊應援，偶爾分心去作作別的事，直到場上發生特殊賽況，主播和球評的鬼叫聲會再次把你拉回賽況當中，多年以來職棒就是這樣陪伴大家的每個夜晚。

讀過本章，我想大家應該可以更清楚認識到中職發展與國際賽間有怎樣千絲萬縷的關係；下一章就帶大家來回顧2019年底至2020年，中華職棒面臨的國際賽困局，同時也要跟大家說明何謂「真正頂級」的棒球國際賽？

第三章

拚奧運逢疫情

職棒的

尷尬困境

❖為奧運資格賽量身打造的職棒賽程

在2019年底的世界棒球12強賽確定無法取得奧運資格後，台灣進軍東京奧運成棒項目的機會就只剩下原訂2020年4月初舉辦的奧運6搶1最終資格賽。如前述，多數亞洲（含台灣）球迷對於奧運棒球有著莫名的憧憬，但偏偏近年奧運棒球項目卻有一屆沒一屆的舉辦，所以只要某屆奧運棒球項目回歸時，台灣很多球迷會說：「當然要積極搶進！下一屆奧運又不會辦棒球，這是最好的機會！」

上面這句話，不知道各位覺不覺得很矛盾？

矛盾點在於許多盲目追求奧運榮光的棒球迷，其實從沒有認真想過**奧運棒球項目「有這屆沒下屆」的狀況，背後傳達的涵義是什麼？**為什麼2008年北京奧運有棒球、2012年倫敦、2016年里約奧運就沒有；為什麼2020年東京奧運棒球回歸，但緊接著的下一屆巴黎奧運又沒有了?!

自從2008年北京奧運以後，棒球就被剔除在奧運常設項目之外，這代表什麼？這代表亞洲諸國球迷傳統觀念認定為「最高榮譽」的奧運棒球項目，其實在奧會和主辦國的認定中並非「全球盛行運動」（註：很多奧運舉辦國不打棒球），而且是「不方便舉辦」（註：平常自己國家不打棒球，更不想為承辦奧運而興建賽會後註定淪為蚊子館的棒球場）項目，所以三不五時就會被奧運主辦國拒於門外。

這樣的情況，恰恰反映出棒球並非多數國家重視的奧運競賽項目，即便復辦，其與會規模、競技等級也不再是最高級別的樣貌，不再是世界棒球列強應不計代價去追尋的「最高榮光」。

若只以台灣或亞洲的同溫層看世界，肯定有人會好奇「棒球怎麼會不是熱門運動？為何老被踢出奧運常設項目之外？」其實奧運舉辦項目之「熱門」與否判定標準，是必須通過國際奧會訂定的8大範疇、共33項重點指標項目的審核後，方能認定是否為「熱門可辦」項目；8大範疇評估該運動的歷史傳統、普及度、流行度、形象與環境影響、對運動員的健康以及該運動項目總會數量、舉辦的成本等多重考量；經國際奧會上述標準評判後，棒球在歐洲與非洲的普及度是不足的，也因此這些地區舉辦的奧運會把棒球拒於國門之外。

長此以往，奧運棒球賽事實在很難再稱為世界棒球最高水準競技，但這個事實亞洲國家的多數球迷拒絕認識，依然做著不切實際的奧運幻夢，然後力拱自己國家的職業選手犧牲職棒生涯去為國爭光。

2020年的奧運最終資格賽，原訂在4月1日至5日進行，在中職與棒協一番角力過後，最終由中華職棒統包組隊、訓練、賽事舉辦的權利與義務，但這得來不易的成果，卻是個棄之可惜、食之無味的雞肋，而且還給職棒例行賽程安排帶來了大麻煩。

2019年12月23日，中華職棒會長吳志揚先生公布，因應中職在台舉辦奧運最終資格賽，加上中職入選國手、教練團等配合問題，2020年中職球季將提前於3月14日開幕，並在進行一週的例行賽後就停賽兩週，並強調下半季賽事是否停賽，將視是否打進奧運決定，這代表中職當賽季要等待資格賽結果出爐以後才會公布下半季賽程，而類似這樣直接干擾季中作息的狀況，正是奧運棒球賽讓大聯盟球團與球星對與會興趣缺缺的主因；因為奧運是在夏季進行，正好強碰各國職棒例行賽如火如荼的廝殺期。

❖已成雞肋的奧運幻夢

這個標題，對許多憧憬奧運的球迷或許不太中聽。

不知道是否潛在自卑感作祟，亞洲棒球國家對於奧運棒球都有著莫名憧憬，被「世界一」這個光環蒙蔽雙眼，不只是中華職棒，就連發展更健全穩定的日本、韓國職棒對奧運也有著不同程度的迷思。

作為一個向來以職業運動發展為本位思考者，我對於國際賽成績看待極度淡然，只要每次比賽中能看到進步、回國後能彌補不足就足夠了；國際賽表現好，台灣棒球關注度升溫，職棒票房提升就算賺到；打不好頂多維持現狀，只要入選的國手別受傷，帶著經驗回歸職棒舞台好好獻藝，這才是最重要的。

若能客觀分析利弊就不難發現，不能打奧運其實不是壞事，夏季奧運進行期間在職棒賽季中，有打進奧運反而會造成職棒關注度下滑，這也是為何日、韓兩國在奧運期間都有暫停本國職棒例行賽的想法，一方面他們有實力、也都很想爭奪金牌；另一方面也是希望能把受奧運影響關注度的例行賽場數降到最低。

　　奧運棒球就是這麼一個讓亞洲列強愛恨交織的比賽，有打，要煩惱職棒關注度被稀釋的問題、打得好對職棒票房沒幫助、打得爛要被球迷評批為「國內王」或「關鍵時刻軟手王」，對職棒票房和球星個人品牌更是絲毫無補；除了選手要捨棄職棒個人成績和獎項爭奪機會外，拚戰短期國際賽受傷風險極高，如果受傷導致回職棒被降薪或下放，也沒有人會為選手提前凋零的生涯負責。

　　讀到這裡或許有人會問，前面不是說國際賽打得好是職棒票房提振的興奮劑，怎麼這裡又說奧運打好打壞都於事無補？

　　關鍵就在於夏季奧運會進行的時間點，與經典賽和世界棒球12強賽的差異。

　　每次經典賽都在職棒開季以前（3月）開打、而12強賽則是在球季結束後才打，這兩項國際賽本就是因應棒球常被奧運放棄進而為棒球量身打造的世界最高層級賽事；光從舉辦期貼心錯開職棒賽季進行期這一點，就知道這兩項賽事才是真正重視棒球利益的國際賽；經典賽與12強進行期間不需暫停職棒賽

季，也不會犧牲國手們的職棒成績，這些利多點讓各國職棒頂尖球星更樂於響應國家隊徵召，自然造就競技層級遠高於奧運的趨勢。

有興趣的球迷不妨研究雅典奧運、北京奧運年對於中華職棒票房到底有沒有助益，研究後會發現其實提前在職棒季前舉辦的經典賽；或提前為次年職棒暖身的12強賽，對職棒票房才有顯著幫助，是真正具備藥效的興奮劑，而奧運棒球不是。

講到這裡，可能又有人要疾呼：「榮譽感都不用顧嗎？運動員不追求榮譽幹嘛打球？」

對於此類言論我一概回應，「榮譽感不能當飯吃」。

坐談榮譽至上很簡單，但在國際賽短暫的激情退卻後，職業選手回歸職棒戰場發光發熱，對於其自身福祉和整體棒運發展才是更重要的；要求別人犧牲職涯換取國家榮譽說來容易，如果犧牲的是你的職涯你願意嗎？

每當現役職棒選手朋友們問我「自己該不該打中華隊」，我的回答永遠都是「先求自身利益再拚國家榮譽」，這兩件事不衝突。

還沒當兵想要兵役解套？去打國際賽；想一戰成名？去打國際賽；想拚獎金？去打國際賽；沒合約待業中想藉國際賽表現吸引球團目光？去打國際賽，奧運是最適合上述選手的舞台。

但若你已退伍、成名、高薪，在職棒發展穩定，正在累積

生涯數據、獎項和堆疊歷史高度者，拜託千萬不要去打奧運；如果你的目的只是希望拉抬職棒票房，像過去陽建福那樣抱持「我把國際賽打好，球迷就會進職棒看我們」的想法，請去打經典賽、世界棒球12強賽，因為奧運沒辦法達成你的目的。

經典賽和12強一在季前一在季後，如果打得好對當年度和隔年的職棒有一定的票房助益，例如前面提過的2013年經典賽後的球季，以及2016年甫打完前年底首屆12強賽的賽季都是；但奧運不同，夏季奧運在8月開打，此時職棒賽季已經過半，不但需配合延賽、還會分散季中焦點；無論奧運賽果如何，都對剩餘僅2個月的職棒票房影響極為有限，只可能因本國有打奧運而造成職棒票房和收視率下滑，有興趣的人不妨查查2004年雅典奧運和2008年北京奧運後中職當季和隔季的票房到底如何。

特此聲明，奧運絕大多數「個人項目」是最高榮譽和頂級競技沒太大問題（雖然我認為網球其實不是），但我這邊談的只是奧運棒球，奧運棒球絕對不是棒球最高競技水平的賽事。

國際賽打得好對棒運推廣確實有幫助，但我在前面提過，職業棒球才是一個國家棒球發展的關鍵，其發展規模多大、制度多健全，會影響該國持續投入棒運人口的基數，最終決定該國棒球實力的廣度及縱深；而國際賽的表現，說穿了不過是拓展棒球國力後的呈現戰果「之一」；國際賽成績是發展棒球運動後的附加價值，而不是經營職業棒球的前提，美國是最好的

例證，國際賽成績並不是聯盟、球隊、球員甚至球迷關注的焦點，奧運期間大聯盟不但不停賽，甚至還可能限制主力球星參賽，確保本國職棒發展的穩定。

亞洲國情則因多年來的迷思呈現大相逕庭的結果，奧運棒球給予日本、韓國和台灣不同程度的榮光束縛，韓職在12強前

▎世界棒球12強賽和世界棒球經典賽，是如今最高競技水平的新潮流。

率先宣布將停賽配合奧運，日本則因身為主辦國不得不然；至於連奧運資格都尚未取得的台灣則陷入更尷尬的處境，在旅外所屬聯盟都以職棒為重不開放借將的情況下，更嚴峻的奧運資格挑戰到底拚是不拚？職棒到底要不要配合這個幻夢影響日常作息？

很可惜，在靠金牌「揚威國際」的迷思未除的情況下，社會輿論始終瀰漫要中華職棒全力配合圓夢的氛圍，少數媒體甚至以中職「勢必」、「必須」「絕對」要停賽的字眼來逼迫職業棒球「從善如流」。

或有人問：「為何故步自封？力求參加頂級國際賽事的競爭有助於球員進步、環境進步啊！」

答曰：奧運金牌是殊榮，但奧運棒球早已不是最頂級的棒球競賽！一個隨主辦國變更就隨時被消失的項目，安能期待可呈現最高級別的競技內容。職棒球季進行間開打並讓大聯盟各球團緊鎖球星不放的奧運，水平能是最高等級嗎？大聯盟為何不暫停職棒賽季讓選手去打奧運？因為他們知道何為根本！職業聯盟主導下的頂尖賽事有世界棒球經典賽，國際棒總主導的頂尖賽事有世界棒球12強賽，這些錯開職棒賽季讓各國頂尖好手能毫無顧忌參與的比賽，才是當今世界棒壇貨真價實的最高層級賽事。

綜上所述，競技非頂級、票房無助益、選手須冒影響職業生涯風險參與的奧運幻夢，除爭取虛無飄渺又無實惠的榮譽

感外，還有什麼誘因值得逼迫職業球員與聯盟改變作息全力配合？

❖職業為重的觀念　選手和教練都應該要有

2019年完成12強賽掌兵重任的洪一中總教練，為何在歸國後堅辭國家隊主帥之位？檯面上「辜負球迷期待」的理由，內行人看在眼裡都知絕非事實，12強賽打進複賽並名列前5，已經是10年來最好的成棒頂級賽事成績，辭退原因除不想再被鍵盤專家譴罵外，另一方面也是臨危受命後成績已達高標，一洗昔年領軍兵敗北京奧運之恥，歷史地位再造已畢，自然不想再接更麻煩的燙手山芋——奧運資格賽。

如果已取得門票可以直接打奧運還則罷了，但還要在旅外選手徵召困難的情況下，改變既有賽季的作息去拚資格賽，這對於任何一個有「職業為本」觀念的職棒總教練而言都是大麻煩，更何況當日本樂天株式會社一接手Lamigo桃猿隊以後，洪一中立即割捨多年賓主情誼，琵琶別抱富邦悍將，轉會後首個執教賽季的布局對於這位台灣職業運動史上最多勝場的冠軍教練尤為關鍵，奧運國家隊主帥這個「居虛名而處實禍」的位置，他如今實是不需再坐。

不知大家還記不記得，2019年沒人願意承接12強總教練的情況下，是洪一中在勉為其難下接受的，而他接手後作的很漂

亮，無愧任何人；在旅外選手徵召困難的奧運資格賽中，要有圓滿賽果更是難上加難，而且卡在本職工作——職棒賽季進行間，婉拒帥印是精明抉擇，也是職業道德，因為他的本職是職棒總教練，他並不像日本那樣是以複數年合約聘請而來的專任國家隊監督。

職棒選手被為國爭光觀念綑綁，冒高風險打國際賽最後影響職棒生涯發展者不計其數，除上面提過的陽建福，還記得北京奧運時轟然倒地的陳金鋒嗎？

陳金鋒在職棒生涯巔峰期，重大國際賽幾乎無役不與，無數次用球棒給台灣球迷在黑暗中帶來曙光，見證過他國際賽表現的球迷絕對不會忘記。

2003年是陳金鋒最接近站穩大聯盟的球季，當年大聯盟擴編40人名單的時候他同時收到亞錦賽徵召，結果他決定幫助中華隊打收關雅典奧運資格的亞錦賽，球團雖然同意放行，但也就不將他列入40人名單。

2004年雅典奧運，陳金鋒對戰上原浩治的神來一棒成為永恆不滅的經典；但錯過03年的機會後陳金鋒與大聯盟就漸行漸遠，終在2006年放棄旅外生涯，宣布回國效力中職；多年來他心中是否有一絲後悔？返台後與其共事7年，從他莫測高深的態度始終難得明確解答，這個答案我想只有在他夢迴神馳昔年時方能自知。

不只是陳金鋒，因國際賽斷送旅外發展者還有陳鏞基、增

莃瑋、高國輝；而中職球星因國際賽影響職涯者則有國際賽投手戰神陽建福，上述名單只是概略列出名氣大的，真正總數族繁不及備載。

英雄何價？榮耀何價？真正該問的問題是，國家真的善待自家的「英雄」嗎？

❖天意如此　奧運延期

不幸中的大幸？因為疫情肆虐，東京奧運延期、奧運資格賽當然也泡湯了。

2020年3月24日，隨疫情升溫，為籌備東京奧運耗費眾多成本的日本，一改堅信能如期在夏季舉辦奧運的信念，在全球各大體育賽事紛紛封館停賽的客觀現實不斷形成輿論壓力後，逼迫日本必須做出延期或停辦的決定。

彷彿上天給予的警示，在此前的3月20日，奧運聖火從希臘雅典接力傳遞至日本，本預定從3月26日起由福島縣出發，以121天接力傳遞日本全國47個都道府縣，再於7月10日抵達東京都，沒想到就在全世界「延後舉辦」的聲浪中，全日本的國民在電視台現場直播下見證奧運聖火因強風而熄滅的怪兆。

在這近乎天啟的聖火熄滅事件後，國際奧林匹克委員會的態度出現鬆動，提出會「考量各種備案」，如坐針氈的日本首相安倍晉三也鬆口表示，東京奧運不會取消但會考慮延期。

根據媒體報導，東京奧運若取消，會對日本造成新台幣2兆2,100億的經濟損失；即使只是延後舉行，損失也會高達1,671至1,949億。夏季奧運過去有因為戰爭而3度取消的紀錄，包括1916年的柏林奧運、1940年東京奧運和1944年的倫敦奧運，但延期則是史無前例頭一遭！

　　自疫情爆發以來，東京奧運面對國際間呼籲停辦的阻力只有與日俱增，加拿大和澳洲先後宣布不派隊參與東京奧運，並直接建議日本應延期1年；而美國田徑名將、9面奧運金牌得主劉易士（Carl Lewis）態度則更趨保守，作出東京奧運若要延期應延後到2022年與冬季奧運一同舉辦的建言，這個提案應是希望錯開2021、2023年世界錦標賽的賽程。在全球各大體育賽事和大型聚眾活動都先後延期、取消的輿情壓力下，日本被迫在奧運開幕前4個月作出決定；日相安倍晉三與國際奧會主席貝赫（Thomas Bach）發表聲明，確定東京奧運延後至2021年，最遲在該年夏季進行。

　　這個決定很艱難，但無可避免得作，奧運如若取消，日本過去投入籌辦的所有經費都將付之一炬，延期至少避免了最壞的結果；但延遲舉辦仍將給日本經濟帶來巨大影響；商業合作須重新修訂，場館要重新安排，賽事日程和選手村配套都要重新調整，國際奧會、媒體、贊助商等合作單位都要再等1年，即使來年順利舉辦，賽事進行和觀賽的防疫過程也將備受考驗。

看完日本的困境，回過頭來看奧運棒球最終資格賽，本來原定於2020年4月1日至4月5日舉辦，但後來因應疫情狀況，世界棒壘球總會（WBSC）於3月2日宣布賽事將延後至6月17日至6月21日舉行；而在3月25日，日本宣布東京奧運延後1年舉辦後，WBSC也於同日宣布資格賽二度延期，日期待定。

❖職棒未來如何看待奧運棒球這檔事？

　　先不管奧運資格賽最後延到哪時辦或到底還會不會辦，直接來探討未來面對奧運相關賽事徵召時，台灣職棒選手到底要抱持怎樣的心態看待與配合。

　　對於中職聯盟而言，應該更審慎評估國際賽帶來的票房效益，到底哪個一級賽事才真正有助於提升票房和選手行銷；此外，更應該斟酌每逢國際賽期間的輿論到底對中職國手而言是肯定還是打擊，經營運動媒體多年，我多次見證國內球迷對中職國手的惡意揶揄與攻訐，當國際賽有好表現時大多歸功於旅外選手，中職國手有好表現常遭到忽視或遺忘，例如2015年12強的林智勝、王柏融；2019年的林立、林哲瑄、高宇杰、陳俊秀、陳禹勳等人都是實例；中華英雄的賞味期限變得愈來愈短，對票房的提振作用也漸露疲態。

　　在這個「國家英雄」頭銜難得易失的淺碟風氣盛行下，職棒的經營者和各隊選手面對國際賽時更應該要明辨孰重孰輕，

認清「**國際賽只是一時激情，職業賽才是不拔之基**」的道理，經典賽和12強賽的全力一搏還有道理，但為了奧運而延後開打、暫停賽季、為少數參與者影響全聯盟、球團和選手及所有職棒工作人員的作息則大可不必。

面對奧運資格賽的徵召，若選手心存「榮譽至上」或「利益（名聲、獎金、兵役解套）導向」者，願打的話就積極響應；當牽涉職棒球員入選國手，影響該年職棒獎項爭奪資格時，可比照日本職棒放寬當年出賽數、打席數、投球局數等列榜標準，但職棒例行賽本身無義務也無必要再配合暫停或延

▌犧牲職業生涯為國爭光的選手多不勝數。

後；如果真的打進奧運，就讓資格賽告捷的中華隊原班人馬繼續揮軍奧運，不需另找資格賽沒參與的職棒選手補強，這樣一來對資格賽拚戰的國手較為公平、二來原先的隊形可藉此長期集訓培養、建立默契。

　　當民智屬半開狀態，往後只要面對奧運，球迷輿論壓力最終可能還是會脅迫中職妥協，況且中華職棒也不乏熱血選手作出宣言要「全力支持進軍奧運」，但我必須說，國手在國際賽後到底有沒有影響職棒季賽表現？較遠的案例就不用再提，端看2019年12強賽中職各隊入選的國手們，回頭檢視他們在2020年職棒賽季的成績，並與過往水準對照數字就會說明一切。在休季期進行的國際賽對職業球員尚且影響至深，要中輟職棒賽季去打奧運的國手只能祝你好運。

　　參與延期之奧運資格賽可預期將影響的另一指標是敘薪問題，疫情過後，中職各球團面對2020年球季的虧損，勢必會反映在選手薪資談判上，而嗅覺敏銳的球員和經紀公司應當會察覺大環境的轉變；體質健全的美國職棒在2020年6月時尚且在為縮水賽季該如何減薪鬧得不可開交，中職能在疫情下順利完成全年賽事已屬萬幸，選手即便打出好成績，都仍應體認大環境整體為虧損狀況，近年薪資行情不容樂觀，此時還想著拋下職棒賽季去當奧運國手的人，真的只能望君多多珍重了。

　　隨職棒商業價值提升，發展規模日盛，接下來職業選手面臨的商業抉擇只會漸增，這是「開發中職棒國家」應有的發展

趨勢；而隨職棒商業價值提高，國際賽興奮劑提振票房的作用將會日漸淡化，民眾對於國際賽的關注重點也應與時俱進，不宜再將國族榮譽視為至高無上，更應重視跨國交流過程，**賽會奪牌不是重點，賽後帶回職棒的經驗與進步才真心令人喜悅。**

第四章

中華職棒的
疫情副作用

❖端湯上塔的中職開幕戰抉擇

　　東京奧運延期決策已定，代表中華職棒2020年終於可以擺脫啃食奧運資格賽這根雞肋的難題，專心處理本國職棒開季事宜；在2020年4月11日中職確定閉門開戰前，賽程安排除了先受到奧運資格賽懸而未決的干擾，何時開打、開放或不開放觀眾進場，也著實讓聯盟掙扎了好一陣子。

　　早在疫情尚未影響職棒運作前，中職就曾先因應原定4月初舉辦的奧運資格賽將開幕戰提前於3月14日舉行；後因疫情爆發兩度造成開幕戰延後，最終訂於4月11日舉行；而因為日程已幾度推遲，當時也不確定會否再次延後，更沒說準是否要閉門開戰，因為中職還是盼望開打時疫情已受控制，能如常開放觀眾入場。

　　然而在海外歸國確診案例激增的客觀條件下，無論面對疫情或輿情，「4月11日開放觀眾入場」的可能性已然微乎其微；2020年3月下旬，我在《太報》的個人專欄中曾提及，中職應在台灣防疫比國外相對良好的情況下於3月就閉門開打，諮詢相關部門建議，秉持正確指導原則，做好球員與轉播單位的防疫措施就果決開打，避免夜長夢多。

　　因為早在3月初，中職一軍熱身賽和二軍例行賽都已陸續開戰，與正式開幕無甚差別，僅差在有無開放觀眾入場而已；無論定於3月24日或3月28日都可以直接閉門開打一軍例行賽，

遵循防疫SOP，並備有球員或教練團確診後的隔離停賽機制，如此順利運作一個月，在4月接近清明連假、疫情升溫的關鍵時刻，反而可以避開逐漸高漲的「大型活動禁止舉辦為好」的輿論壓力。

中職2020年賽季「客製化」例行賽排程，全力配合爭搶奧運資格時我就持反對意見；如上章所述，我堅持不需積極配合的原因就是職業賽季間舉辦的夏季奧運無論參與國家隊整體水平、時間排程或競技規格都已不合時宜，在球季前和球季後進行的世界棒球經典賽和12強賽，才是目前世界棒球的最高層級賽事；別說奧運資格賽，就連奧運本身能否如期舉辦當時都尚在未定之天。

中華職棒要做的不應該是考慮風險極高又收益甚小的奧林匹克運動會，而是國內職棒賽季要何時、如何順利進行。

2020年3月中職的開打決策令人聯想到一個畫面，就是「拎著滿手食物端湯上塔」，要放掉一半捨不得，要全端上去也辦不到。

在台灣防疫比國外相對嚴謹的情況下，中華職棒熱身賽順利完成，而且二軍例行賽也在3月17日正式閉門開戰；簡言之，如果二軍都可以開打，除了觀眾沒入場之外，3月下旬無論是實際環境還是輿論氛圍，都能接受閉門開打的正規例行賽。

職業賽季其實拖愈久損失愈大，一開始心念票房、轉播權，樣樣難以割捨，決定將一軍開幕時程延而又延，緊握的拳

頭反而什麼都握不到；硬要拎著所有包袱端湯上塔，塔滑湯灑一無所獲的風險也會變高。

退一萬步說，即使4月11日真能開放觀眾入場，在人心惶惶和政府宣導「少參與公眾活動」、維持社交距離及「梅花座」限制下，票房數字的慘綠完全可期；況且只要正式開放觀眾進場，每場比賽需要配置的營運人力、物力成本都要相應墊高，但卻不會得到良好票房結果，一來一往其實得不償失。

與其在票房可預期慘澹的情況下堅持開放觀眾入場，增加感染風險又得不到好的票房收入，延宕賽程更造成作息混亂，甚至影響到完整賽季的轉播權利金收入，倒不如快刀斬亂麻，準時閉門開打，建立完整球員、工作人員和轉播單位防疫機制，及有相關人員確診時的處理流程；讓職棒在3月下旬就順利開戰，球迷有轉播可看，慰藉苦悶的防疫期，球團也能盡早擬定除現場服務外的所有行銷策略，在勢必虧損的賽季中，至少還能得到部分可預期的收益，球迷的觀賽娛樂也能兼顧，這就好比放開緊握其他物品的雙手，專注於端湯上塔，最後還能帶點東西平安抵達。

前幾章我曾說過，中華職棒對球迷而言不是必需品，但像晚餐的一道配菜，缺了不會餓死，但就覺得少了一味。疫情中開打的中華職棒為台灣民眾帶來一種安心感，若能如期觀賞閉門開打的轉播，是生活上的極大慰藉，在3月14日、3月28日都未能率先決定閉門開打，如今回想起來仍有一定風險，當時沒

人能保證延後到4月防疫狀況一定能允許順利開戰，如果延遲時間曠日持久，職棒賽季的整體運作就會更為困難。

與此同時，疫情嚴重的美國，NBA率先宣布停賽，且一度掙扎於是否直接取消後續賽程；大聯盟則面臨開季遙遙無期的困境，甚至在復賽談判過程的4至7月間都不時有取消球季的傳言；而日本職棒則在阪神虎包括藤浪晉太郎在內的3名選手確診後風聲鶴唳，開幕戰同樣一延再延，在日相安倍晉三預定發布首度「緊急事態宣言」後，日職開幕也大受影響，雖沒有取消賽季，但原訂可行的5月下旬開打計畫則再度延至6月；因防疫告急，美日球界都曾不約而同的做出縮短或取消球季的最壞打算。

有別於各國困境，廣受各界矚目的中華職棒最終於4月11日閉門開打，在台灣防疫情況相對良好的情況下，中職不僅率先開打，更維持原本的賽制和場數不變。當然，閉門開打意味將失去票房，現場商品、食品的營收、廣告招商和異業合作的減產都勢所難免；但誠如吳志揚會長所言，2020年中職賽季的開打已經並非利基於票房和營收的考量，而是維護選手、教練、球團及產業相關人員的工作權，尤其是選手、球隊、聯盟紀錄和生涯的延續，對淘汰率高、平均年資不足8年的中職選手而言，取消全年賽季相當於浪費職業生涯1/10以上的時間，影響甚鉅；而對尋求綻放生涯最後光芒的老將而言，取消整年賽季無異於強制引退的序曲；職業選手的黃金期非常短

暫，盡可能**維持正常運作**正是吳志揚會長所言「為工作權」的考量重點。

中職在思量後決定於4月11日開打，並以全閉門方式舉行，不開放球迷入場，以防疫為第一優先。所幸後來台灣疫情控制穩定，中華職棒雖然數次延後開幕戰時間，但總算能順利成為全球第一個開打的職業棒球聯盟。

順帶一提，4月11日開打是中職史上最晚開季的開幕戰，但賽程雖然延後，延宕的期間不到一個月，中職依舊規劃打滿各隊表定的120場例行賽，並且除統一獅8月12日至8月16日在花蓮的5場主場賽事外，其餘賽事都將固定在各隊常駐主場舉行，不再遷移至其他場地，沒想到因為防疫，反而造就中華職棒31年歷史以來各隊最專注於單一主場經營的賽季。

此外，中職2020年的季中選秀也比往年推遲3週、改在7月20日進行；所有「日程大限」都作推遲，例如以往在8月31日決定的球員最終註冊、意即「831洋將大限」也延至9月21日。

基於防疫考量，擔心單日賽事舉辦時間過長將增加疫情傳染風險，一日兩戰的雙重賽補賽方式在2020年先行取消，所有延賽一併集中於補賽週進行，避免一日兩戰增加球員疲勞程度和染疫風險。

中職在開幕日期確定後，從原本開放VIP會員150人進場到最後決定完全閉門開打，是因為遵循防疫視同作戰的指導原則，秉持絕對不能在關鍵時刻因些許商業利益而造成難以挽回

的疏忽才做此決定，但相對5月和6月才開打的日、韓職棒，再看看美國職棒為了復賽所打的勞資戰爭，台灣球迷能在春季就有職棒可以觀賞，實是一件幸事。

❖延後開季　球員調整大作戰

當病毒蔓延全球體壇，包含籃球、足球聯賽、賽車及各國職棒等都大受影響，無法避免封館、停賽及延後開戰的命運。

各國職棒開季進度首當其衝，只能將開幕戰延後到4月，避開可預期的疫情高峰，靜待趨緩後開放觀眾入場的可能；而球季面臨前所未有的延遲，不但對聯盟、各部工作人員（如賽務、票務調整、行銷排程等）牽一髮動全身，最直接影響的當屬選手們的開季調整進度。

經過冬季的短暫休息，於年後啟動新賽季前的奮鬥，職業棒球員的作息好比農民，春耕夏耘才可能在秋天含淚收割；也像一台嚴謹運行的精密機器，何時該保養、何時該進廠，何時該暖機、何時該全力運行都有規律的時程；然而疫病是難以預期的變因，讓選手原先習慣的作息大亂，經過秋訓和春訓後，原本潤滑齒輪並打通關節的職棒選手，已經準備好3、4月熱機完成並運轉引擎加速運行，沒想到迎來的卻是延遲開季和持續待機的指令，這對選手們的狀況調整及自律皆是一大挑戰。

職業球員在休季期短暫放縱，犒賞傷痕累累的百戰之軀，並在春訓狂操體能讓身體蓄積資本逐步於季前回歸正軌；而棒球搭配春、秋訓及開季後的大量賽事和例行訓練，讓職業選手在3到10月間吸收營養的同時，能不間斷透過龐大的運動量消耗體內多餘的卡路里；但隨著封館或賽季延遲，作息劇變將在不同性格的選手身上產生不同結果，最麻煩的問題在延遲開季肇因於天災（疫情）而非人禍（罷工），難以預料何時會結束。

　　過去國外面臨封館大多是因勞資談判導致罷工，延遲或壓縮賽季的狀況雖也讓選手措手不及，但畢竟何時收尾的決定權仍掌握在勞資雙方（人類）手上；但此次疫情屬於大自然對人類的反撲，災情何時趨緩、控制更難預料，中、韓、日、美職分別於4至7月開戰，面對失控的疫情，當時沒人能保證開打日程會否再度延遲，隨著開幕時間不同，賽季是要保持既有場數進行到冬天、或是縮短賽季在冬季前完成？如果多次延遲，是否連減少場數都要打到冬季？加上適逢奧運年的尷尬期，還要不要讓頂尖選手與教練團資源再度投入資格爭奪戰？這些問題在當時都考驗著職棒球團經理人、教練團及選手，尤其對選手的調整步調更是嚴峻。

　　過去不乏國外職業球星在封館或罷工期間因缺乏例行訓練和賽事來強制約束自控、過於放縱導致復賽後身材走樣、體能下滑、身手鈍化，最後失去職業舞台，這是值得國內選手借鏡

的案例；而即便選手嚴謹自律，也仍會面臨另一個問題，那就是「自身調整進度該依循怎樣的步調？」

　　面對不可預知的開季排程，不同時間點，職業選手要將自己的狀況調整到什麼程度，在4月甚至5月的「延長熱身賽」中是否該讓引擎全力運轉？老將和新銳如果熱度不足會否影響開季先發卡位？如過早調整到位會不會在延遲開季後快速面臨提前到來的撞牆期？這些都是選手在延遲球季中面臨的狀況，但既然碰到問題，也只能面對與解決，因為這就是棒球、這就是人生。

　　為確保主力選手狀況，賽季延遲時各隊一軍選手也投入二軍率先開打的例行賽維持實戰手感，讓新擴編球隊味全龍

在2020年延遲開季期間得以於二軍賽事中面對各隊諸多一軍主力，競賽強度大為提升，以賽代訓在實戰中快速吸取經驗，有助於新球隊縮短正式登上一軍後的實力落差陣痛期，這是疫情影響下少數的收穫。

對於各球團而言2020年是前所未見的特殊賽季，也是危機中可見轉機的一年，中華職棒的順利開打為苦悶的防疫生活紓困解憂，而這個特殊賽季也為中華職棒帶來了許多「疫情副作用」。

❖疫情副作用：大物選秀年

首先是選秀會上的豐收，2020年中職季中選秀各隊都算得上滿載而歸；大物雲集的盛況正是疫情帶來的諸多副作用之一。

選秀名單上有王維中、張進德、郭俊麟、李其峰、廖任磊等5位前旅外選手歸國，也有余謙這樣本計畫旅外試水溫，卻因美日職前途難料，為降低職涯空轉風險決定投入中職選秀的新銳；在疫情對國外造成毀滅性打擊下，反倒造就2015年以來睽違已久的中職大物選秀年。

這對處於展隊擴編期的中職而言是望外收穫，尤其對新加盟的味全龍來說更是大進補，龍隊本就還在「新兵調適教育」中，陣容缺陷和無票房收入是可預見的陣痛期；但2020年中職

一軍先後因應防疫採行延後開幕和閉門開打等措施,在二軍練兵的味全龍本就無須煩惱票房與收視問題;而在一軍延後開季、二軍如期開打的過渡期,味全龍得到更多與各隊一軍主力切磋的場數,獲益良多。

疫情副作用裡益補強效果最顯著者當屬季中選秀,擁有狀元籤的味全龍前12順位可選4人、前7順位可選3人,這項擴編優惠自2019年起採用,但該年屬選秀小年,對龍隊的補強十分有限;疫情蔓延後旅外選手出現海歸潮,具資質但未封頂的新秀群對旅外態度轉趨保守,為不耽誤青春、增加評價下滑風險,決定投入中職選秀者數量大增,因此2020年選秀才是味全龍真正大進補的一年。

於此同時,美國職棒正遭逢疫情失控、勞資僵局和小聯盟縮編等多重困境夾擊,可預期2021年台灣選手的旅美渠道恐怕也難以順利暢通。

美國職棒如今陷入的泥沼已從防疫作戰演變為勞資紛爭,看似風平浪靜的表象下暗潮洶湧,雖然後來縮水賽季如願進行,但勞資裂痕已然造成,來年新版勞資協約談判若衝突再起,甚至可能出現封館罷工;在美國無力控制疫情、勞資歧見加劇,加上小聯盟球隊縮編後球員需求量大減的窘境下,台灣好手的旅美之路難見利多,大物新人持續投入中職選秀的機率將只增無減;能為本土職業運動留才,或許是疫情副作用下少數的小確幸。

❖ 疫情副作用：中職的高效益

疫情副作用對中職內部的影響主要在季中選秀的留才效應；這一節為大家闡述中華職棒在疫情中於外部呈現的高數據績效表現。

若非運動產業經營或從業者，一般球迷礙於缺乏數據佐證，故很難直觀感受到疫情對中職相關題材的效益提升有多強大；先不談數據，直接提最顯而易見之處，那就是2020年中職轉播推廣的人力及資源投入。

中職在4月成為領先全球開打的職棒聯盟，同時期日本和美國則因疫情嚴峻，開幕時間一再延宕；過去長年專注耕耘大聯盟、日職或國際棒球領域的專才，在中職出現前所未見的高關注度和國際化行銷需求下應邀投入中職領域協助；例如台灣體育圈中過去多以國外職棒為主力產能的球評、專欄作家或駐美記者，開始在中職雙語轉播中貢獻所長，呈現豐富多元的轉播風貌，這在以往各國職棒順利開打的情況下是絕難出現的奇景。

不只是主播、球評的工作重心轉移，在各電視台、報紙、網路媒體、專欄作家和網路直播主中具高敏銳度察覺中職熱度者，都在自營平台上增加了中職的題材佔比；在轉播渠道上各體育台也因是否擁有中職轉播權而發生商業效益落差，2020年以美、日職轉播為主的電視台因缺乏中職轉播，又沒有獲得美

職和日職的效益，收視率與廣告投放量降低；而握有中職轉播權的平台則有較歷年同期2至3倍不等的收視人次增益，在廣告點閱和專案合作上也有較為優秀的成績。

此外，國外體育賽事停擺，外電新聞不足，台灣體育傳媒卻沒有出現大幅裁員的潰堤，主因在原先分配美、日職的人力和資源也大多轉移至投資報酬率較高的中華職棒上；雖然產出品質深淺不一，仍形成罕有的百家爭鳴現象！國外體育作家在無賽事可寫的情況下也暫時將目光投向中職，就連美國知名數據查詢網站《Baseball-Reference》，也自2020年起建立中職選手數據供球迷查詢。

如有經營媒體又能分析數據表現的觀察者不難發現，今年投入中職的報酬率極高，以往線上直播中職賽事的網路平台，2020年上半季收視提升為以往的1.8倍，廣告業務洽詢度顯著提升；而各球團為提升自家球隊推廣，也新增起獨立轉播平台，邀請自家球星和啦啦隊擔任講評工作，激發不少全新收視樂趣，這也是季初因應防疫閉門開戰時始料未及的狀況。

以我作為媒體經營者的所見數據為例，中職在2020年全年的新聞、專欄與專題產量、整體流量績效都較去年同期成長1.5至1.8倍，而季中選秀的專題成效更達到歷史新高，為歷年平均瀏覽數的4倍以上；從廣告從業友人提供的數據顯示，2020中職關鍵字搜尋比起往年提升1.66倍；古云「禍福相倚」確是至理名言，危機能帶來轉機，2020年的中華職棒就是最好

的實例。

疫情讓全球體育產業陷入了冰河困境，但在台灣防疫的遮罩護體下，中職不但確保了球季完整進行，維繫住選手、教練和從業人員的工作權，保住了絕大多數體育傳媒的既有編制，更帶來數據績效全面提升的望外之喜，真的只能說，**生長在台灣確實是一件非常幸福的事**。

當中職讓台灣多數體育產業得以運作如常的同時，球迷輿論如何看待放大鏡下國外媒體對自家職棒的評論？在中職如願開打之際，國門外世界體壇冰封萬里的惡劣態勢仍在持續，對各國體壇又帶來怎樣的冰河浩劫和產業負循環？讓下一章節為您闡明。

第五章

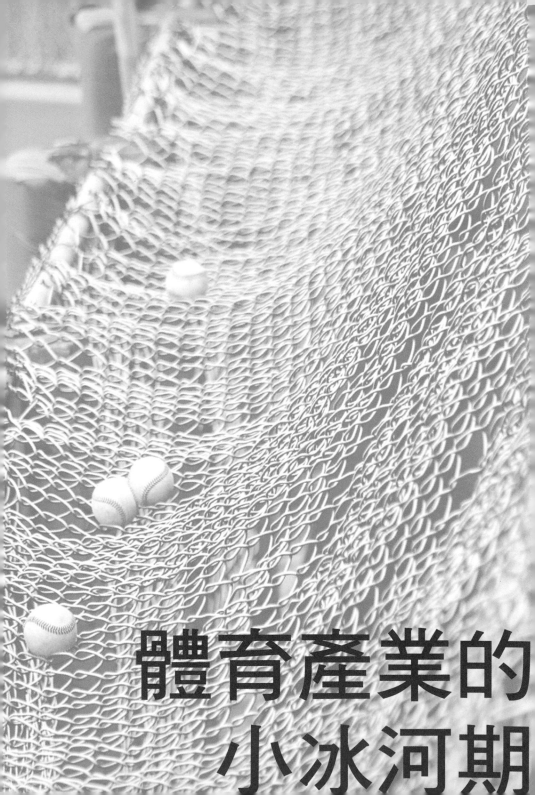

體育產業的
小冰河期

小冰河時期，泛指16世紀中葉起長達數百年的全球寒冷化現象，由於氣溫下降，使得生長季節變短、糧食減產，穀物價格飆漲，造成饑荒與瘟疫頻繁出現，進而導致掠奪與浩劫的連鎖反應；如今世界受病毒影響，體育產業正經歷前所未見的小冰河期。

❖疫情衝擊下的媒體產業

　　疫病對經濟影響是廣泛且全球化的，那讓眾多原本安穩的產業面臨生死存亡關頭，除了首當其衝的觀光及餐飲業外，深層影響是帶來人類休閒娛樂群聚習慣的改變，互動意願大幅降低，進而影響體育賽事的舉行與參與度，並破壞相關產業鏈的正常運作。

　　「運動生活化」是所有職業運動致力推廣的，但正因其深度融入生活，當民生基礎遭逢鉅變時，自然會影響這些體育賽事的進行；當各國因應防疫需求減少、延遲甚至完全停辦賽事以後，人類的生活不僅少了觀賽這帖心靈雞湯，更有大量從業人員直接面臨失業困境，在運動產業鏈造成萬里冰封、寸草不生。

　　「運動生活化」愈落實的國家，因應賽事而生的產業愈能蓬勃發展；但相對當賽事本身因天災人禍戛然而止時，仰賴賽事生存的產業所受到的重創亦是一般企業難以比擬。

該有比賽的時間沒比賽了！現在該做什麼？怎麼做？做多久？有多少素材能做？能有多少成效？能賣錢嗎？這些問題是每個體育關係企業面臨當前困境時必然自問的迫切問題，而還能思考這些都還算幸運，因為體質不夠健全的公司，在核心賽事停擺後不久旋即面臨裁員與倒閉危機。

以棒球數據分析專業詳盡著稱的資訊網站《FanGraphs》為例，因核心產業美國職棒停賽，3月的季前熱門區段，網站流量卻較往年慘跌6至7成，只能讓高階主管減薪，並進行創站10餘年來的首次裁員；除祈禱大聯盟能在7月前順利復賽外，也只能透過溫情喊話盼球迷成為付費會員，支撐網站度過難關，然而緩不濟急，內容網站失去流量就意味著缺乏足夠的廣告收入，扣薪、資遣的寒冬期也自此降臨。

體育傳媒和活動公司亦然，沒有賽事，選手沒有表現，體育台失去了報導素材，活動公司拉不到贊助收入，媒體開始裁撤記者，連老字號的《運動畫刊》（Sports Illustrated）也進行了裁員，專欄作家沒有用武之地、專跑單一球隊的地方記者也被資遣；沒有報導需求、沒有專題延伸，更沒有數據研究與專欄探討的餘裕，從賽事停止轉動的那天起，從業人員風聲鶴唳，都害怕自己會是下個收到裁員通知書的那一個人。

疫情的蝴蝶效應下，所有產業間的影響都是關連性的，從醫療、民生到休閒服務業，從工作、消費到娛樂形態改變，從賽事停擺、媒體失焦、廣告減產到收入萎縮，常讓球迷抱怨

時間過長的比賽沒有了，讓從業人員習以為常的安定感也消失了，猶如病毒對人類的汰篩，體質不一的報紙、雜誌、網路新媒體與運動經紀、公關、廣告和活動公司，面對這場風暴下有的減薪、裁員，有的直接倒閉，體質弱的媒體面對疫病風暴沒有任何抵抗力，而體質強的也挫著等，不知道冰河期何時才會結束，而即便結束，那些已經消失的公司與產業，可能也難以盡復原貌了。

　　台灣雖是個小島，但在疫情中用更嚴謹的心態與機制防守，這樣的條件讓中職成為全球少數能繼續進行的職業運動，在各國體育賽事紛紛停擺的此刻，中職的每場比賽讓人格外珍惜，因為能正常舉辦的職業賽事是一顆持續運作的心臟，是輸送養分維繫關係產業命脈的關鍵樞紐。

▌賽事舉辦與從業人員的生計相互依存，牽一髮動全身。

❖聯合晚報與福斯傳媒的謝謝、bye　bye！

2020年6月，創刊超過卅年、全台灣碩果僅存的唯一紙本晚報《聯合晚報》宣布停刊，在留任所有外勤記者、並為訂戶提供退費及轉訂方案後，黯然熄燈；聯晚的結束，遠因為讀者閱讀習慣改變，難逆數位媒體發展之浪潮，而近因自然是疫情造成的經濟因素考量，在多重利空夾擊下，終於在創刊32年又3個月後停刊，也成為疫情影響下開第一槍結束營運的台灣傳媒。

晚報興起於網路尚未普及之時，當時資訊傳遞速度緩慢，因應股市收盤後的交易資訊，為能提供比早報更新一手的資訊才相應而生，但如今這些功能早已被網路取代，同時網路媒體的興起，也早已瓜分掉紙本報業的廣告配額，需求性下滑和營運困難度提升，造成晚報時代的結束，套一句學界前輩的箴言：「聯晚結束的消息我不是看報紙，是看網路才知道的。」這正充分反映出傳統紙媒的經營困境。

其實不只紙媒難過，即便是網路媒體也因為原本預定舉辦的奧運延宕，相關合作專案被迫延期導致收入短缺，進而小部分裁員縮編；同時因應大聯盟封館，體育媒體的駐外記者編制也有所裁撤，網站內容則因應國外賽事量不足，不走既往的即時新聞，改作影音、分析式或無時效性專欄之內容導向，原本國內跑線和追蹤外電編譯的記者與編輯群，也量才朝影音節目

主持工作轉型，唯有折衷如此，才能在不大量裁員的情況下繼續生存。

聯合晚報的熄燈可能沒有在體育愛好者心中激起太多漣漪；但福斯傳媒集團的下台一鞠躬，絕對在台灣體育圈投下了一枚震撼彈！儘管這不是令人太意外的結局，但這一天的到來確實快得讓人措手不及。

被迪士尼（The Walt Disney Company）收購3年後，福斯傳媒宣布在2020年底結束在台灣的營運，宣告一個體育轉播時代的結束。

近5年來，網路收視平台紛起，傳統頻道面臨觀眾收視結構改變的巨大衝擊；智慧型手機的全面普及、線上平台投入轉播權競逐，形成百家爭鳴，傳統電視台收視戶逐年流失，收視率績效和參考價值降低；用戶轉至便利性和即時性更高的行動裝置上收看，電視台收視率和廣告投放量不若既往，但仍須為滿足全天候放送運作投入大筆轉播權利金、節目製作費和從業人員人事成本；然而投入成本後的成品–也就是體育賽事、新聞、節目，並不像電影、影集等耐久性高、時效性低的素材，有短時間內可不斷重播的長效保存期限，只能再度投入成本獲取新的播放素材，循環反覆的入不敷出，造成體育台的營運困境。

母集團評估後福斯撤離台灣，背後不言而喻的現實就是台灣體育收視戶不足以養活這個電視台；讓人不得不正視一個最

基本的問題，體育休閒產業在台灣活絡嗎？運動收視的全民普及度高嗎？以福斯體育台轉播中已算台灣最熱門項目的職業棒球觀之，棒球真的是台灣人的國球嗎？普羅大眾會為棒球產業消費嗎？這是最現實的問題！誠然，台灣人會為棒球消費，但市場還不夠大、挹注的金額也不夠多，至少沒有大到可以養活福斯體育台。

在疫情席捲全球體壇的情況下，國外的體育傳媒只有比台灣更慘，為求存續，也逼迫各大傳媒強制轉型，過去數十年來習以為常的運動轉播權獨賣及統包的銷售和行銷方式也將發生轉變。

在名球評、體育文化觀察家陳子軒教授於2020年底所發表的專欄〈FOX體育台撤出台灣，然後呢？運動轉播新時代的必然與遺憾〉，文中所預測之未來體育媒體轉型趨勢，吾以為最是精準：

「配合新媒體特性，職業運動聯盟及轉播權所有者，應該要提供更客製化的銷售產品，以吸引原先被忽視的消費者。未來，可能是付費計次收看（pay-per-view），也可能是MLBTV、NBATV由聯盟銷售給消費者（direct-to-consumer, DTC的模式），但提供觀眾更多選擇的轉播內容。」

❖疫情副作用：美國職棒的產業負循環

福斯傳媒撤離，在台灣體育圈投下震撼彈！此與迪士尼收購後衡量全球投報績效的營運考量有關；在台投資多年廣泛挹注轉播權利金及賽事行銷資源，卻無法如願穩定回流效益，是壓垮駱駝的最後一根稻草。

以大聯盟在台灣轉播的狀況觀之，自陳金鋒啟先河，王建民連兩年帶起首波高潮，繼而又有郭泓志、倪福德、胡金龍等人的延續，千禧年後首個10年是旅美選手帶動觀賽的黃金期，連帶拉抬轉播權競逐方興未艾；但隨後台將無法長期站穩美職，返鄉的海歸浪潮滾滾而來，陳偉殷、林子偉儼然成為近年吸引普羅大眾觀賽的少數亮點，然則星光有餘、熱度不足。

2020年疫情先造成小聯盟賽季停止，賽事停辦後遑論行銷，存在大聯盟主事者腦中已久的縮編整併農場計畫，更因疫情板上釘釘。

在球隊縮編、閉門開打營收短缺等利空夾擊下，自由球員市場出現供過於求的情形，除少數頂級大物身價較不受影響外，金字塔底部的選手尋求快速簽約、提前在球隊卡位的情況紛呈；中產或低廉合約數增加，薪資水平下滑，許多4A型、角色型、工具人型選手，及縮時政策下被壓縮生存空間的一人型牛棚，都將失去大聯盟機會，當他們回歸農場後會再逐層壓縮到小聯盟原層級選手的出賽數，形成符合原層級實力的選手

▎運動項目媒體曝光量降低，投入人口勢必減少，成為產業的負面循環。

再次遭到淘汰的負面循環；此影響範圍覆蓋全球，拉丁美洲、日本、韓國和台灣等在低階聯盟打拼的旅美選手，工作機會都將大減。

　　對台灣旅美選手而言，長年無法踏上大聯盟者勢必要另謀出路，旅外合約結束後，球員約略在27歲左右的巔峰期，是否要在高物價、低收入且須忍受長期舟車勞頓的海外異域繼續拚戰，甚至冒著染疫風險尋求遙不可及的最高殿堂美夢？還是回到母土為棒球生涯的巔峰期尋求舞台和保障？當退卻思維深植選手內心，畢業生根留本土、旅外者倦鳥歸巢也就成為不可阻

擋的趨勢。

　　已旅外者回歸、企圖旅外者駐足，最終影響到的就是轉播收視，台灣棒球觀賽市場很現實，雖號稱國球，但棒球收視在休閒娛樂業仍屬小眾市場，國內具備最多收視人口的職業運動就是中華職棒；而願意觀看無旅外選手之外國職棒鐵桿粉絲數量卻少得可憐，真正能吸引大眾化追星型收視的比賽，除了國際賽外就是旅外球員能站穩一軍並打出好成績的賽事；反之，當台灣選手從大聯盟節節敗退後，就會產生產業負循環；旅美球員欠缺機會而返台，大聯盟少了台灣臉孔，民眾對賽事興趣缺缺，除鐵粉外無法開拓大量收視戶，收視率下滑造成廣告投放和企業贊助減少，最後頻道認賠殺出。

　　轉播集團棄守，對運動推廣是沉痛打擊，這代表多項本有轉播的運動項目，在特定地域的曝光機會將會大減，該地民眾對該運動的關注度將只減不增，後續將引發投入相關工作人口逐年減少之產業負循環。

　　網路收視的崛起，勢必瓜分傳統電視台績效，而網友普遍缺乏的使用者付費概念，則又會擠壓線上平台的生存空間；市場能否做大、使用者付費觀念能否普及，這才是轉播營運能否健全的長久之道；一家體育台的撤離並不令人畏懼，可怕的是他家接手後仍然無以為繼；而更為可怕的是當體育媒體一間間棄守台灣的時候，普羅大眾的反應是於己無損、渾然不覺，這樣的無感，就是體育氛圍不健全的例證，這才是最可嘆的。

在這場產業浩劫中，全世界的體育傳媒都在摸石頭過河，想方設法透過轉型來突破困境，福斯體育台撤離台灣，是無可奈何花落去，他們過去所承接的轉播項目不會全然消失，但是也勢必會讓後續承接者更加精打細算，更審慎評估哪些運動項目足以帶來效益回收；而隨選隨看、行動收視等趨勢，將加速體育轉播走向網路串流影音服務發展，為台灣傳媒生態帶來新革命，這個轉變是好是壞，端看未來幾年體壇的主導者們有沒有遠見及策略順應潮流，將危機轉化為嶄新的商機。

第六章

全球聚焦下的
中華職棒

台灣防疫態度早在初期就較各國嚴謹，因此也在春季有相對受控的情形，讓中華職棒得以閉門開打；但在疫情未明顯趨緩、且防疫破口尚待防堵的同時，外界的過度關注與吹捧，致群體防疫意識時緊時鬆，對於防疫單位或中華職棒都非好事。

　　中職能夠開打，是天時、地利、人和的綜合結果，是台灣人的共同努力所致，身處棒球圈的人士都非常清楚，論球場軟、硬體，轉播推廣、收視品質、聯盟歷史、球員行銷，乃至於比賽競技層面，我們懷抱深度情感的中華職棒都尚未達到足以站上全球化舞台受各方高標檢視的程度；因此突如其來的外媒聚焦，猶如豔陽下的放大鏡，灼熱的令人措手不及。

❖ 高關注帶來的措手不及

　　開季時曾有媒體轉外電報導，在各國職業運動持續封館的情況下，中職堪稱一枝獨秀，並提及「美國財經雜誌撰文稱讚這項成就已經比下美國。」我想這個說法棒球圈人士都能辨別出謬讚；中職能開打，從會長到全體工作人員的執行態度，都能讓人感受到誠惶誠恐與戒慎恐懼，季初同業人士心知肚明，台灣的防疫狀況並未進入穩定期，國外的讚譽只能更警惕所有人謹守政府防疫措施，建立球賽前、中、後防疫流程和發現疫情時的通報、隔離處置標準程序，及若違反防疫規範當接受何等處罰的機制，謹遵規範並強化宣導，且對於球季不敢抱持過

度樂觀的態度且戰且走，期盼能平穩順遂的完成整個賽季。

中職開打之際任重道遠，除扮演職業運動在動盪時期安定民心的重任外，也須提防疫情升溫引發非球迷族群及特定政治派系反彈，諸如「媽祖繞境都延期了，職棒有必要非打不可嗎？」之類聲浪不絕於耳；誠如中華職棒吳志揚會長所言，台灣職棒場地皆為開放空間，無觀眾閉門開打，並嚴格控管工作人員進出及接觸的情況下，職棒進行賽事時其實就是選手們的「上班」過程，比起絕大多數工作時久處於密閉辦公環境的上班族，都還安全許多。

與此同時，國外職業運動相繼封館，過去從未將「全球化」推廣作為近期甚至未來目標的中華職棒，在國外球迷及傳媒因自身缺乏體育賽事和新聞報導題材，被迫成為全球體壇焦點，這樣的高關注度可謂是兩面刃，甚至負面影響遠大於正面效益；坦白說，外媒關注在現階段不會為中華職棒帶來任何實質收益，從事後結果來看除CPBL TV的國外用戶微幅增加之外，也確實未曾帶來海外轉播權利金的增益；反倒是讓聯盟本身和既有國內轉播單位，在人手不足的情況下必須一邊維持例行運作，一邊進行不得不然的外文推廣，趕鴨子上架下的相關外宣，無論在內容嚴謹度或質感格局自然大打折扣；此外，在外媒異樣關注下引發的新聞反芻與網友自卑爆表，都是光怪陸離的特殊現象。

❖棒球新聞反芻

　　首先外電開始大量出現美國媒體、記者、作家、網紅甚至不知名人士對中職的觀察與評論，當時美國缺乏賽事，媒體、運動或數據研究網站都沒有題材可發揮，於是紛紛將目光轉向全球率先開打的中華職棒，有些過去從未關注中職的外國作家、記者和部落客，看了幾週賽事後勉力做出一些研究，並將印象深刻的選手、球隊用英文概略書寫成文，提供美國球迷作為快速認識中華職棒球星和各隊風格的入門指南。

　　而後部分台灣媒體（多是不掛本名的體育中心）如獲至寶般日日將這些台灣球迷早已熟知內容的「英文版中職初探」逐篇翻譯成中文，重新刊載於媒體上給台灣球迷看「老外眼中（你早已熟知）的中職」，此類將已咀嚼吞嚥的食物嘔回口中再重新咀嚼的行為稱之為新聞反芻。

　　另一個怪現象是外國人評論中職後的酸民自卑心態大噴發；2020年上半季，每當老外對中職發出評論、體育中心進行新聞反芻後，就可以在新聞粉絲頁面和貼文回覆留言中看到傾巢而出的酸民，拿老外觀點當令箭，例如外國人今天評論中職選手競技水平相當於美國職棒的幾A，層級比低了酸民大讚合理；比高了酸民就說不配。

　　更奇怪的是，酸民愛抨擊媒體產出廢文，但點閱數卻顯示他們非常熱衷此類反芻新聞，喜歡聽外國記者、作家比聯盟層

級，卻不知道該拿什麼基準來對比，比了無法下結論，也不知道比完後能幹嘛，毫無討論邏輯，一陣酸水亂潑，網路上遍地瀰漫貶低本國職棒水準卻言之無物的負言論。

❖ 自卑心態與媒體循環

　　酸民群體非常有趣，每逢國際賽愛用榮譽心逼迫職業選手打國際賽，又喜歡藉此貶低中職水準；當被以實證反駁「國際賽能打贏韓國職棒全明星隊」時，又要說「國際賽是短期賽事，所以成績不夠精準」云云。

　　討論聯盟層級的盲點在於，拿美國職棒與中華職棒兩聯盟相比本身就沒有意義，因為這兩個聯盟自始至終都不可能合併打長期職業聯賽，如果不打長期聯賽，那要評比實力當然只能靠國際賽；若自卑酸民覺得國際賽成績不能呈現一國職棒之實力，那非得用榮譽心綁架中職選手去國際賽廝殺卻又為了什麼？這始終是令人費解的問題。

　　此外，網友邊罵媒體、邊熱衷點閱體育中心的反努外電，媒體得到點閱績效反饋，就會變本加厲的大量挖掘相關題材，而後再受到批判，淪為民眾口中「不思進取」的媒體，素質惡性循環，是閱聽人與媒體共同造成的結果。

　　平心而論，備受矚目的中職2020年賽季，確實突顯出中職長久既存的一些問題，在鎂光燈聚焦下，制度、議題探討的聲

浪一波接一波,諸如主審好球帶一致性、比賽時間過長、用球彈性係數及中職特有的上、下半季制度等等。

❖好球帶爭議

作為2020年春季全世界唯一職棒開打的國家,他國球迷與媒體都聚焦於中職,四月中旬巴爾的摩金鶯隊記者克拉克(Dan Clark)及《WTNH News 8》電視台記者杭特(Suzie Hunter)先後在社群提出「中職好球帶不固定影響比賽」的評語,透過台灣媒體的外電轉譯後,又在球迷群間引發「變形蟲好球帶」的檢討聲浪。

中職主審好球帶的真的很不穩定嗎?

讓我們跟世界最高棒球殿堂MLB對比一下,大聯盟在2008年引進Trackman系統後,可以記錄比賽逐球軌跡,最大助益之一就是能回顧好球帶判決標準是否一致;根據2018年大聯盟89位裁判的判決數據統計,大聯盟的「好球帶一致率」約為91%。好球帶一致率即是「同位置的球,上一顆判好(壞)球,這一顆也判好(壞)球的機率」,藉此可看出裁判的好球帶判定是否穩定。

大聯盟引進Trackman是在2008年,那一年統計出的好球帶一致率為84%;運用科技系統十年後,好壞球的一致率明顯提升,科技輔助確實對於主審判決精進有非常顯著的效果。

那大家質疑的中職好球帶一致率，數據表現又是如何？

　　根據台灣體育運動大學黃致豪教授、逢甲大學人工智慧研究中心許懷中主任的論文研究中，運用Trackman系統計算中職2018年的數據報告顯示，中職主審的好球帶一致率同樣也是91%，跟大聯盟同年的一致率相同！況且過去中職主審都是根據比賽錄影帶來回顧好壞球判決是否有瑕疵，藉此修正錯誤，在還沒有引進Trackman系統時，就已經具備和大聯盟主審群相同的準確度；儘管美國職棒的球隊多、主審數量及判決樣本數龐大，肯定有部分判決水準落差極大者會降低平均準確率，但數據統計仍然是不可否認的明證，中華職棒和大聯盟主審的好球帶判決穩定度是在同一個水平的。

　　此外，根據過去研究，世界各國職棒主審的好球帶已不像大家傳統印象中那樣是個長方形，而是更接近橢圓形，也就是好球帶四個邊角不大會撿。

　　會演變成這樣其來有自，即使以棒球規則上，通過好球帶的是好球，但若是投手投了顆垂直系變化球，那顆球通過本壘板時削到好球帶邊角最下緣，之後落地（或掉的很低），多數裁判都不會把這種球判為好球，這是為了避免引發抗議，因為進壘點判定在場選手和教練沒有即刻影像可以隨時確認，競技時純憑感覺，如果這樣極端的好球帶進壘點被判好球，即使對兩隊一致，對打者仍然極端不利，雙方總教練和打者群肯定抱怨連連，也將影響比賽順利進行，長此以往，主審的好球帶就

養成了對這些極端位置儘量不撿的習慣，好球帶就變成了這個形狀。

引進Trackman後，大聯盟十年間的好球帶穩定度有顯著提升，這套系統對於本來就具水準的中職裁判群肯定也有百尺竿頭更進一步的功效；至於近年棒球圈常常熱議的話題之一，就是是否要直接以電腦取代人力判決？

電腦判決，理論上不因時間、壓力、疲勞，或主客場球迷干擾因素影響判決，電子好球帶也可解決人性因球數和戰局不同有變大縮小的問題，電腦理論上不會怕做出直接影響勝負的關鍵判決。

▌好壞球判決永遠是棒球迷間爭論不休的熱門議題。

但有利必有弊，電腦判決仍然有無法盡解的難題，因為棒球的投打對決兩造始終是人類，人性使然必定會有對好球帶不滿的時候，比方說像前述的例子，若對打者投出好球帶邊角最低處的位置，純以棒球規則和電腦程式邏輯判定，那只要能擦過好球帶任何一部分就必然會判定為好球，這當然符合棒球規則與程式設定，但如果你是打者碰到這樣的判決肯定會有意見，肯定仍會抗議，正因為運動競技者是人類而不是機器，所以棒球運動百餘年歷史中，能順應人性、在瞬息萬變中做出各方都能接受之彈性調整裁判者，自然也是由人類進行。

　　當數據證明中職主審群判決素質並不亞於大聯盟，為何台灣球迷還是常常邊看邊罵，卻對大聯盟判決的素質落差相對無感？理由也很簡單，因為這是自家職棒，投、打、守和判決者都是與自己同文同種的自家人，所以球迷自身的情感連結和關注度都更為強烈，對每次攻守結果和每場勝負輸贏都更為在意。

　　至於季初國外媒體對中職好球帶的評論，坦白說，即便他們真看到了謬誤判決，那也是漫長職棒賽季中必然會出現的偶發情況，若是他們長時間關注中華職棒，就不難發現主審好球帶的判決素質與大聯盟並無二致；如果只是湊趣看個2、3場就直接下定論，那自然難窺全貌，觀點不值一哂。

❖ 比賽時間過長？

除好球帶外，上半球季常被提出檢討的問題就是比賽時間過長；球季進行一個多月後，中職比賽時間再次被廣泛檢討，這早已不是新鮮事，而是每年球季家常便飯的年經文，只是因為2020年中職賽季的關注度高，所以各方批評指教的意見也較往年為多。

中華職棒在2009年開始成為四隊規模以後，場均比賽時間是3小時13分，到2020年則是3小時33分；比賽時間愈來愈長是無可否認的事實；美國職棒的趨勢也是如此，從千禧年後看，大聯盟2001年場均比賽時間是2小時58分，到2014年時增長至3小時7分鐘。

大聯盟現任主席曼佛瑞德（Rob Manfred）於2014年走馬上任，此後他開始力行縮短比賽時間措施，項目包括縮短廣告時間、限制暫停時間、限制打者不能屢次踏出打擊區，還有故意四壞不須投球示意即可，以及限制看輔助判決的時間等等。大聯盟希望藉此吸引更多過去因覺棒球賽事冗長而卻步的潛在新收視戶投入觀賽。

縮時措施執行後2015年場均時間減少為3小時，但2016-2018年回升至3小時4至8分，在2019年更來到3小時10分的史上新高；2020年大聯盟縮水賽季因應防疫需求，在10局起採用突破僵局制來縮短比賽時間，降低球員疲勞和染疫風險，然則即

使已採縮時措施，比賽時間卻仍有3小時6分，成效有限。

比賽時間逐年攀升難降，肇因於現代棒球演變，用球數的上升代表更強調打者選球，不希望打者積極出棒打前兩球，儘量消耗對手用球數；而每場投手使用人次的上升，除反映現代棒球愈加細膩的分工，也傳達打高投低的狀況。

因為近年職棒的飛球革命，造就為數眾多求取確實擊球、鎖定好球帶全力揮擊但也吞下比過去更多三振的打者；換言之，因打者多採全揮擊，一棒擊沉的重傷害比例增高，投手願意冒長打甚至挨轟風險正面對決的意願也相對降低，因此最好的方法不是投給對手打不好讓隊友守備處理，而是讓打者揮空取得三振！求取三振代表著用球數變多；反過來看，投手強調三振會讓強打者必須選到設定位置與球路確實擊中球心才能形成長打，也讓打者群選球更精；加上現代投手分工比以往更細，換投情形頻繁，比賽時間拖長就成為必然趨勢。

大聯盟力求縮時的措施為何成效不彰？追溯源頭是因為棒球運動的本質不是一個強調時間性質的運動。

棒球不像足球或籃球是計時制，搶在有限時間內盡可能取得更高分數，領先者將時間耗盡就取得勝利；棒球是採九局與出局數制度，九局出局數耗盡時有領先者比賽就結束，背後代表的涵義是「誰在出局數用完前，得到比對手更多的分數就能勝出」，出局數代表著失敗率，棒球運動設計的本質是誰犯的錯誤較少較能勝出，與時間無關。

Twinkle 一瞬之光

▍棒球的本質並非計時制運動,而是出局制運動。

　　時間長短並非棒球這項遊戲被發明時的著眼點,也成為後世棒球比賽中最引人入勝之處,即使大幅落後,也不必擔心對手拖延時間,只要比賽最後一個出局數沒有出現,都還有機會可以奇蹟逆轉。

　　比賽時間長對觀賽意願有無影響?當然會有,世界上熱愛足球與籃球的球迷很多人不看棒球的主因,是覺得比賽時間較前二者而言過長,所以縮時措施是為了招攬新球迷的策略;然則對原本就熱愛棒球的人來說,在意的其實不是時間而是比賽

精彩度，比賽精采與否不取決於時長，而是取決於節奏；好看的比賽打4小時依然好看、打擊不振、投打拖泥帶水、滿場失誤不斷的比賽，只打2.5小時還是讓人昏昏欲睡。

　　追溯根本，增加比賽精采度仍須仰仗競技水平提升，如果戰局膠著緊繃、選手呈現優質攻守水平，儘管賽事曠日持久，還是能讓球迷如癡如醉，連如廁時眼睛都捨不得離開球賽。

❖投手節奏與比賽時長

　　拖慢中職比賽節奏和時間，很高的原因是投手壓制力不彰，導致換投頻繁造成，攤開每10年中職投手使用的數據演變，就能清楚發現這點。

　　職棒早年的王牌投手場場先發都以完投為己任，常常見到先發投手吃完全場的情況，隨著投手分工的觀念進步和功能細分，到2019年中職單隊場均出賽投手數已經來到4.31，比起30年前增加了2.23。

中華職棒十年間隔投手相關數字

年份	出賽投手總數	平均各隊出賽人數	單隊場均出賽投手數
1990	39	9.75	2.08
1999	101	16.8	2.64
2009	80	20	3.81
2019	111	27.75	4.31

而投手每打席的平均用球數，中華職棒每10年的數據演變如下：

　　中職30年歷史中，從元年的每打席用球數3.45到30年後的3.77，投手每打席用球數的增長相對緩慢，比賽用球數沒有想像中的暴增，換投卻變得更頻繁，原因就是投手對打者的壓制力不如既往。

中職用球數10年期數據

年份	總用球數	總局數	總打席	每局用球數	每隊用球數	每打席用球數
1990	47118	3196	13651	14.74	11779.5	3.45
1999	74464	4919.2	20923	15.14	12410.6	3.56
2009	69878	4241.1	18950	16.48	17469.5	3.69
2019	70958	4222.2	18836	16.80	17739.5	3.77

　　中華職棒近年打者進步優於投手、打高投低已經不是祕密；職棒初年打線素質參差不齊的時候，三振能力不足的投手也可透過讓打者打不好、交給隊友守備幫忙的方式解決打者；但近年來各隊先發打線一字排開已經鮮少有毫無長打能力的「絕對弱棒」，前後段棒次間的斷層已不若既往明顯。

　　此外，中職因為隊伍數少，兼之採行半季制度，爭冠門檻遠較國外聯盟更低，因此各隊選秀時幾乎都以即戰力為優先考量，新銳投手常作為補強上半季孱弱輪值或殘破牛棚的急就章，剛入隊不久旋即被推上一軍火線，這些剛踏出校門不久就踏上職棒一軍舞台的選手能有幾人站穩？投球失準、自亂陣腳

的情況屢見不鮮，投球穩定性不足狀況連連，自然暫停，捕手與教練提點、安撫、換投等狀況就會頻繁出現；就算沒有被換下場，每逢狀況不好或戰況不利時就用改變節奏或拖延時間方式影響對手，在在都影響了比賽時長。

棒球比賽時間拉長，確與強力棒球演化有關，中有眾多微小因素積累，但拖長中職比賽時間的最大關鍵仍是打高投低，投手進步不如打者多是事實，而有潛力能被養成大投手的新鮮人，快速被推上火線又在數年內消耗殆盡陣亡的頻率過高、速度過快，長此以往的惡性循環，造成打高投低落差更為懸殊，唯有此負面循環改變，提升投手平均壓制力，才能大幅加快投打對決的比賽節奏。

❖彈力球造成競技不公？

至於影響投手表現的因素，很多人肯定會提到彈力球。

用球彈性係數影響最大的是BABIP（球被打進場內形成安打的機率），彈性係數會影響飛行距離，差別在於深遠的二壘安打可能會過牆、不營養的飛球可能會過牆，但若非原本就是具備長打實力者，即使打彈力球也不會從水槍變大砲。

引述自吾友棒球作家大艦巨砲的論述：

「彈力球主要影響的是靈巧型投手，2016年林英傑這一類靈巧型老將就是被彈力球打到失去舞台，在替一部分捱打的投

■ 斟酌用球彈性係數與飛行阻力，成為各國職棒聯盟的新課題。

手喊冤以前，應該是要先問這些投手的控球有沒有林英傑那種水準。」

　　許多球迷因彈力球風波不願承認中職打者的成長，但中職打者的實力在兩次世界棒球12強賽已經得到驗證；2015年12強賽以中職強打為主體的打線打出.295/.348/.497，IsoP.202（純長打率）的佳績，呈現全隊皆砲的光景；2019年第二屆12強賽，面對對手層級更高，打擊成績雖不比首屆亮眼，但與陳金鋒和彭政閔時代除仰望三、四棒外一分難求的貧打歲月相去不可道里；現在的中華打線踏出國門後擁有與世界列強相互砲擊的實

力，以前是打不到，現在是守不住。

　　綜上所述，中職投手不夠力才是比賽時間拖長的主因，而除了改變使用和養成方式，把比賽用球恢復為彈性係數低的「痛苦球」，的確可以在短時間內讓改善投手數據，但這同樣是治標不治本的手段，如果現階段中職是打者表現過於強勢，就被人說是「自爽聯盟」，那換不彈球弱化打者所呈現出的投手成績，其實也是虛的，在國際賽戰場投手所現出的原型恐怕會比打者更令人難以卒睹。

　　我認為用球彈力係數過高適度修正是可以的，但提出彈性係數「影響競技公平」就有點無限上綱，彈力球的確造成原本打高投低的聯盟更向打者天秤那一端傾斜，但投手表現低落，影響主要在於投手和野手的敘薪基礎，而對各隊競賽公平度沒有影響，因為各隊都使用相同的球，起跑點是相同的，引述富邦悍將洪一中總教練的觀點，他認為**「聯盟各隊都是使用同樣的球就是公平，戰績不好是因為打不到，跟球的彈性無關。」**

　　打彈力球是自爽聯盟嗎？或許是吧！但過去幾年大聯盟用球也有彈性係數問題……好吧，或用大聯盟官方解釋，是用球「不易受空氣阻力」問題；美國數據網站《棒球指南》（Baseball Prospectus）專欄作家亞瑟（Rob Arthur）曾在評比大聯盟與中職對彈力球問題處理的過程中提到：大聯盟一直宣稱旗下用球合乎官方恢復係數範圍，但始終不願承認設定的恢復

係數範圍（0.514至0.570）實在太大，這是因為可以在用球出狀況時，用冠冕堂皇的說詞搪塞所有質疑者：「用球符合恢復係數規範，謝謝指教。」，順帶對照，中職2017年擬定的彈性係數範圍為0.550至0.570，範圍相對嚴謹許多。

即使按下美國彈力球狀況不表，台、美、日、韓各國職棒本來就不會與他國聯盟合併打長期職業賽，哪國職棒不是關起門來自爽？真正有跨國對戰機會就是在世界頂級的國際賽上，而前面已經說過，這個賽事不是奧運而是經典賽和12強，同前述，近兩屆世界棒球12強賽已經證明中職打者可與列強一戰，已非昔日「只看鋒恰、其餘死寂」的貧打中華。

對中職打者的進步視若無睹、刻意忽略者，我還是老話一句，若總要以「短期賽的少樣本數不能證明實力提升」為藉口來貶低自家選手，未來就別再用虛無飄渺的「榮譽感」逼迫職棒選手去打國際賽？

❖上、下半季制度的原罪

2020年例行賽尾聲的臨去秋波，是因應上、下半季制度造成樂天桃猿隊必須拱中信兄弟包辦上、下半季冠軍，自身才能藉由全年勝率第二進軍季後賽的「眾求勝、我求敗」窘況，而制度是否存在弊端，也再次為球迷提出檢討。

半季制是在中職球隊過少，擴編無門的情況下相應而生

的賽制，過去30年來，聯盟走過簽賭案、二聯盟惡鬥等諸多風波，許多曾投入經營的企業最後半途而廢，進而造成近10年來聯盟始終維持四隊規模、單一賽制打法難以長久的狀況。

中華職棒全季120場，總場次本身低於美日職棒，若加上「拼半季可進季後賽爭冠」的誘因，會養成「想贏最可怕」的調度模式，過分專注在爭奪1、2場勝負的尺寸之地，把例行賽當短期爭霸打，只是把7戰4勝拉大到60戰35勝的階段戰而已，為了先搶到一張季後賽門票，好用的一直用，永遠想把全年球季切成階段戰，不思厚植農場養成，選秀策略也多偏重即戰力考量，將年輕投手早早推入戰線，長此以往也造成了上述投手壓制力普遍不足的狀況。

此外，半季賽制到例行賽尾聲就會出現如本節開頭所述，須策略性輸給特定對手，才能進入季後挑戰賽的狀況，這點也是最常為球迷詬病並質疑為放水的缺點；2020年企圖挑戰四連霸的樂天桃猿也因此成為眾矢之的，但其實在2017年的中信兄弟也是如此，只要在這個賽制下，任何球隊都會面臨此種情境，當碰到時也只能順勢而為。

近年飽受批評的半季賽制，其實仍有非常多的優點，其一，是票房效益，中職在有限的對戰組合內，想要持續吸引球迷進場本身就是難題，由於平日進場觀賽者少，常要靠周末拉抬票房；而上、下半季制度的兩次開幕和最終的兩次封王戰，都有助於吸引球迷踴躍進場。

其二，提高下半季爭霸可能和提升各隊求冠慾望，維繫台灣大賽前的球迷關注度和媒體聚焦效益，2020年的富邦悍將、統一獅和中信兄弟的下半季冠軍之爭就是最好的例子，富邦雖在上半季受陣容磨合陣痛期影響，戰績在上半季墊底坐收；但藉由上、下半季制度在下半季捲土重來，戰績始終居於領先，還在例行賽最後的補賽周上演天王山「三英戰呂布」的戲碼，一隊力抗全聯盟各隊洋投車輪戰，過程之緊張刺激不下於首輪季後賽，也反映在票房和媒體成效上。而若是此時只有四隊的中職是以單一賽季進行，早在例行賽進行到3/4時前兩名的態勢就已經早早底定，最後只會看到比求敗場更多死氣沉沉的消化比賽。

照單一賽制安排，會看到季後賽絕緣球隊更早練兵，更何況，捉放對手和放水完全是兩碼子事，捉放最終的目的是要進軍季後賽全力攫取總冠軍；放水的最終的目的則非求榮耀，而是為一己私利影響比賽結果的犯罪行為，實不該相提並論。

5年前我曾是單一賽季制度的擁護者，但後來幾年做為媒體總編輯和運動行銷、廣告製作人後，統計研究自身公司和合作單位間的各項進階數據，無論是票房商品收入、社群媒體觸及、關鍵字討論和廣告投放量，上、下半季制度帶給中華職棒本身和周邊產業的利益都遠高於單一賽季。

職業運動聯盟由人所構成，制度演化也是因應人性，人

與人間不一定能靠理念達成共識，但卻能為共同利益所驅馳，不符合多數人利益的制度就不可能暢行無阻，這個原則放諸中外皆準。有人每年看到幾場捉放比賽就大發牢騷，說中職「獨步全球」、也有人汙衊選手打假球，高唱「不改革就不看」的

▍夢幻產業之所以能順利運作，永遠是由現實利益驅動。

口號，然則局內人所看到的數據顯示，在現有規模下，半季制度的營運、媒體績效、促成的議題熱度和爭霸衝刺期的觀賽熱潮，都遠高於單一賽季所能帶來的成效，當利益結構不變的情況下，賽制是絕對不會輕易變更的，任何反對聲浪都是狗吠火車，徒勞無功。

空言制度改革是不切實際的，所有制度的擬定，背後都代表著各集團的績效利益，一個行之已久的制度之所以會長年存在，就在於它能夠穩定輸出績效且為各方所能接受，半季制產生的短期捉放不過是2、3場之間的事情，其比賽內容乏善可陳確實當得球迷批評，但在短暫的捉放場次過後，隨之而來的就是群雄逐鹿、真劍勝負，尤其是2020年這個國外運動風雨飄緲的一年，台灣土地上與中華職棒相關的產業當中，整體數據績效在在仍呈現出更勝既往的上揚趨勢，在利益驅動下，半季制度勢必將操作如常，空喊改革不過是外行人的夢囈罷了。

職業聯盟的催生除推廣運動外，背後最大的動能就是利益，中華職棒如此，作為最高殿堂的美國職棒當然也不例外；過去四海昇平的狀況下，我們極難看到這間百年老店有顧此失彼、捉襟見肘的窘況；但在疫情副作用中，2020年的美國職棒大聯盟深陷防疫困境與勞資拉鋸泥沼，也在棒球最高殿堂這個富麗堂皇的形象之外，呈現給全世界球迷一個前所未見的風貌。

第七章

國門內外
兩世界
大聯盟的
昇平與紛亂

2020年對美國職棒是一個動盪不安的年份，很多問題其實蓄積已久，疫情爆發不過是催化其提前浮出水面而已。

❖太空人暗號竊案餘波蕩漾

在年初，休士頓太空人隊2017年利用電子儀器偷盜對手暗號的醜聞爆發，在經過調查後大聯盟主席曼佛瑞德針對太空人隊高層予以逞處和罰款，但隨後又因沒有懲處任何涉案球員飽受外界質疑。

判決為太空人挨罰大聯盟史上最高的500萬美元罰款，及褫奪今、明兩年的選秀會前兩輪選秀權；總經理魯諾（Jeff Luhnow）和總教練辛區（A.J. Hinch）禁賽一年，二人也隨後被太空人球團解雇。

聯盟主席曼佛瑞德在宣布懲處時公開調查報告，其中彙整60位證人說詞，含2017年的球員、場務人員和高層主管，也清查超過7000封電子郵件和簡訊。

外界輿論對於懲處普遍不滿，因為判決中沒有任何一位涉案球員遭到懲處，對此曼佛瑞德回應：「評估球員責任與罰則既艱難又不切實際，因為幾乎每位太空人球員多少都知情或涉入，聯盟無法衡量每位球員涉案程度，決定誰該受罰或是犯行的層級。」而面對外界認為應撤回太空人2017年世界大賽冠軍資格或註記星號（標示紀錄不純）的聲浪，曼佛瑞德接受

《ESPN》專訪時回應：「我們能為球迷做出最好的事就是告知事實真相，讓他們自行判斷2017年發生了什麼事，MLB曾認真考慮撤消太空人的冠軍頭銜，但缺乏前例可循、又無絕對理由，所以無法執行。」

其實這段訪談至此，大聯盟處置的立場表達的很明確，即使差強人意，也還是能令人接受；但作為大聯盟主席，讓他引發公關危機的是後續他提到：「註記星號、或要求把『這塊金屬（指冠軍盃）』給撤回來的想法是不具意義的。」將無數職棒球員終其一生夢寐以求的世界大賽冠軍獎盃以一塊金屬代稱，而且這句話還出自大聯盟主席之口！此舉無疑極不洽當也不尊重，立刻引發各界撻伐，包含芝加哥小熊隊投手雷斯特（Jon Lester）、道奇隊三壘手透納（Justin Turner）紛紛跳出來砲轟曼佛瑞德不尊重冠軍獎盃的言論；最令人感到諷刺的是，被大聯盟主席稱為只是「一塊金屬」的世界大賽冠軍盃，官方名稱就是「聯盟主席金盃（commissioner's trophy）」

犯了眾怒的曼佛瑞德隨後公開道歉：「我犯了一個錯誤，用不敬的口吻指稱世界大賽冠軍獎盃，我為此道歉，沒有任何藉口，我犯了錯，我當時試著提出一個觀點，但應該要用更洽當的方式敘述。」

撇開失言風波，太空人球員之所以沒有受罰，是因為球員工會在調查期間拒絕調查單位對球員進行面談，並磋商要求全面豁免才可以繼續調查，因此最後只對總管和總教練開罰，這

是曼佛瑞德對外的回應，也是實情。

大聯盟無法懲處球員算得上情有可原，之所以能順利開展調查，就是因為事前與工會磋商的結果，在工會協助下確保球員得到豁免，大聯盟才能讓調查順利進行；如協商未果，大聯盟無法取得如此完整的報告，更遑論昭告犯行於天下，雖然未能除惡務盡，至少不算裝聾作啞、掩飾太平。而處置作弊球員不力，與其歸咎於曼佛瑞德無能，不如從中體認大聯盟球員工會的強勢與團結。

聯盟主席處理太空人一案的失誤主要是個人發言引發的公關危機，損失的是自己和聯盟的面子，對於美國職棒來說還只是疥癬之疾；但在疫情爆發影響開季以後，曼佛瑞德揭開與球員工會勞資戰爭的序幕，並刻意將此利益之爭赤裸裸的公開供人檢視，深切影響美國職棒當年的復賽進度與未來幾年的發展前景，這才是真正的心腹之患。

❖疫情副作用：小聯盟的斷炊與縮編

疫情爆發，最先壓縮到的不是大聯盟選手，而是美國職棒金字塔的基底──小聯盟球員的生存空間。風雨飄渺以後，小聯盟是再也回不去原本樣貌的運動產業鏈之一。

美國職棒各層級小聯盟球隊各有經營團隊，不直屬於大聯盟球團，和MLB球隊處於合約制合作關係，大聯盟球隊提供球

員、教練和訓練團隊，並透過支付這些人員的薪資來主導棒球事務及比賽目標；而行銷包裝等業務則委託在地小聯盟球團負責，多年來雙方各取所需，多層級良性競爭造就美國職棒「世界頂尖」的美譽。

但過去幾年大聯盟官方有新的營運考量，針對小聯盟設備與場地參差不齊的缺陷，MLB高層希望透過球隊縮編整併以提供球員更好的訓練品質，此為檯面上的理由；另一個打在心裡的算盤則是大聯盟球員養成技術日新月異，已不需透過豢養龐大的小聯盟建置就能湊出堪用的一軍陣容；所以縮編計畫原就箭在弦上，在9月份大、小聯盟主導者換約後就將執行，疫情無疑是壓垮駱駝的最後一根稻草，2020年，美國職棒選秀縮水至5輪，小聯盟賽季也在7月正式宣布取消，讓經濟本就拮据的小聯盟選手必須設法另謀出路。

小聯盟選手一直以來面臨最現實的難題就是薪資太低，本來就領著無法和大聯盟選手相提並論的低廉薪資，年復一年承受大巴士在美國各地四處征戰的艱辛，只為了圓一個登上最高殿堂的美夢；而如今連移地受苦的機會都沒有了，自疫情爆發以後，許多小聯盟選手無球可打，放起無薪假的選手們紛紛打起零工避免斷炊。

在此情況下，更堅定了大聯盟縮編農場球隊的計畫，在這份計畫中大聯盟打算要砍掉42支小聯盟隊伍。

2021年起，大聯盟各隊麾下的農場球隊都會縮減，隊伍數

減少意味著球員需求量大減，小聯盟層級的選手將大量失業，可能連美國職棒體系的職缺都無法找到，連美國本土選手想延續生涯都得到獨立聯盟或他國職棒另謀出路，就更別提海外那些抱持著旅美夢想的選手了。在美國防疫觀念始終不彰的情況下，沒人能預料2021年的小聯盟賽季將在何時、何地和如何進行，對於這些多年苦撐的地方球隊工作者，以及在小聯盟打拼多年等待圓夢的基層球員們，2020年的歲末無疑是打職棒以來最煎熬的一個寒冬。

❖勞資雙輸的大聯盟復賽戰爭

在因疫情延遲開季之際，大聯盟勞資雙方對復賽的利益分配問題產生歧見，執世界職棒牛耳的MLB讓全世界見證了一場勞資惡鬥的拖棚大戲。

前篇提過，職業聯盟是利益驅動的團體，大聯盟作為世界棒球最高殿堂，正是世界最龐大的棒球利益組織和經濟體；在疫情肆虐導致2020年開季遙遙無期的情況下，大聯盟勞資雙方的主戰場不是防疫，而是利益拉鋸戰。

突如其來的疫情使全球體壇大受打擊，停賽、縮短賽季、限制入場等措施都讓球隊收入銳減；但在北美四大職業運動中，NBA、NHL和NFL等聯盟的勞資協議都已明定聯盟和球員拆分收入比例（約略為50：50對半拆）。此外，三聯盟都規定

收入數字的彙整與審計交由第三方公正獨立的組織進行，確保勞資雙方都認同最終提供的數字無虞。

因此當此三大職業運動面對疫情衝擊時，該如何調整聯盟財務體系時，對於如何定義收入、拆分都早有共識；因此能夠快速應變處理疫情造成損失時所帶來的諸多問題。NFL和其球員工會，設法將薪資上限的下降幅度，分攤到未來多個年份，以避免明年薪資上限瞬間崩跌；NBA和NHL則預計把大部分2021年的球員總薪資先交由第三方機構保管，再依據來年的實際收入進行合理分配。

MLB勞資雙方沒採收入拆分制度。就勞方立場，強勢的球員工會不同意收入拆分規則，因為他們不接受任何具備「薪資上限」概念的制度導入職棒，影響球員薪資成長空間；若工會同意拆分制，等同變相允許另一種形式的薪資上限。

就資方立場而言，大聯盟也不願意讓球隊財務交由第三方獨立機構做審計運算，因為這方便資方隱匿收入，揚言自己是虧損不斷；大聯盟勞資雙方連2021年收入範圍如何定義都沒定論，更遑論分配；當其他三大職業聯盟已經在應對疫情帶來衝擊時如何調整財務體系時，大聯盟還在利益拆分的起點徘徊。

隨美國境內疫情升溫，復賽僅剩閉門賠錢開打的選項，從原定開季日起算的數月間，勞資拉鋸的季賽長度從140場一路降至接近探底的60場；有敏銳度者都能看出，大聯盟資方的談判策略，就是盡可能縮短必定賠錢的例行賽，達成大幅砍價球

員薪資的標準，再快速將時序推至高收益的季後賽，才能在縮水賽季將虧損降至最低；而最關鍵的是大聯盟主席曼佛瑞德有權決定2020年賽季場數和開打時間，與勞方的協商只是為了營造你情我願的表象而已。

看懂資方的算盤後就會發現，球員工會企圖「維持賽季長度」和「少幅扣薪」等訴求無論如何都不會成功，時間對資方有利，只要談判曠日持久，例行賽場數將只減不增，屆時社會輿論也會將無法順利開打的矛頭指向球員的貪婪。

球員工會在6月決定暫時讓步，要資方自行決定開打時間地點並加以配合；無論賽季有無開打、會打幾場？此次鬥爭勞資都將以雙輸收場，談判過程雙方多次隔空提案都是基於利己主張，並非以全聯盟順利運行的前提為考量，其中不乏暗裡透過媒體帶風向、放冷箭，最後採取以時間壓力逼迫「對手」妥協的下策來趕鴨子上架，絲毫沒有勞資雙方本為命運共同體的自覺。

相較大聯盟難得一見的亂象，回過頭來對照本國職棒，儘管球迷常自嘲「我們有我們的玩法」，但2020年中職的開季決策確實顧全了大局；吳志揚會長在回應媒體及政要關於職棒是否應如期或完整開打的提問時，他的回應是「**中華職棒會視防疫狀況延後或閉門開打，但今年必定打滿完整240場比賽，這不僅是顧全球迷觀賽權益，也是為了聯盟與球員的歷史紀錄延續；更是為了保障職棒隊職員工作權。**」

當時無法盡解此言涵義者，現對照大聯盟勞資惡鬥應當就能理解；中職延後開打避開了3月份疫情高峰，閉門開戰則是配合政府嚴謹的防疫措施，在4月開打並確定賽季起訖期，讓聯盟各隊年底能維持既有的休季及秋訓流程，不會再影響來年作息；而堅持例行賽場數完整，除確保資方能完整收取轉播權利金外，更落實聯盟及球員的歷史紀錄延續；此外，球員們經歷完整賽季，成績參考價值將不打折扣，規避了類似大聯盟本季的減薪窘境，來年也將有完整成績可作談約依據，將可預見的多起勞資談判齟齬消弭於無形，過去人所批評的共體時艱，在亂局中其實具備了美國職棒2020年復賽談判中看不到的大局觀。

美職資方得寸進尺的拖延時間和刻意壓縮例行賽長度，球員得到的苦果將不僅是該賽季的大幅減薪；以縮水賽程及特殊作息打出的成績來洽談明年新約恐怕也不盡樂觀；大聯盟現行的勞資協議，也即將在2021年12月到期，照理來說勞資雙方應該會在那之前達成共識，完善最新版勞資協議，以利2022年賽季順利開打。

但在2020年復賽前的惡鬥中，談判過程大聯盟資方在勞資糾紛時慣用的隱匿收入、操弄媒體、以貪婪形象醜化勞方的手段依然層出不窮，此外，私下洩漏協商資訊給媒體，讓工會不得不以同樣手段反擊，使得本應在檯面下完成的商業協商過程，被赤裸裸的攤在大眾面前接受公審，這並不是任何一方有

利的手段，而是玉石俱焚的劣手，在美國民眾當時的處境，正為了疫情影響生命安全和生存空間而掙扎，而眼見自家職業棒球當此危難之際，不但不能撫慰苦悶，還上演了一場百萬富翁與千萬富翁的貪婪之戰，這對於選手和聯盟本身，乃至於棒球運動本身都是極大傷害，而已經被傷害的情感在疫情過去以後能否重拾，誰都難以保證。。

　　在這場勞資雙輸的惡鬥中，雙方嫌隙不可謂不深，下次的勞資談判恐將再度形成寸土不讓的利益拉鋸戰，如果主事者一樣只以自身利益至上，反覆的針鋒相對只會帶來更多齟齬，甚至可能演變成罷工的最糟狀況；儘管2020縮水賽季的復賽談判上，曼佛瑞德為首的大聯盟資方占了上風，但這樣的慘勝實在不值驕傲，以此手法取得的勝利終將埋下勞方以罷工為反擊的導火線，一旦勞方不惜採行玉石俱焚的手段，大聯盟和周邊產業都將再次元氣大傷、榮景難復。

　　同是為利益驅動職業棒球，2020年賽季，中職的開季決策兼顧了勞資雙方權益，降低虧損之餘，不但維繫住聯盟道統存續，也捍衛了全體隊職員的工作權；美國球員捍衛權益執世界牛耳，寧為玉碎、不為瓦全的堅持也常讓亞洲諸國顯得奴性過重；但面臨真正的非常時期，共體時艱有時確實是為了顧全大局，大聯盟勞資雙方針對復賽的拉鋸過程，到底是堅守原則還是自私自利？是非曲直，未來歷史自有公論。

❖從洛城雙冠看防疫觀念落差

美國職業運動在歷經封館、延遲開季、奧蘭多防疫隔離賽區、種族衝突導致的抗議罷賽等突發狀況後,終於艱辛的在10月底陸續完成2020年賽季;洛杉磯這座城市成為特殊賽季中的最大贏家,於年底迎接雙料冠軍;NBA洛杉磯湖人隊先在奧蘭多隔離賽區打敗邁阿密熱火隊勇奪NBA總冠軍;緊接著洛杉磯道奇隊也在10月底的世界大賽擊敗坦帕灣光芒隊,完成睽違32年之久的奪冠悲願。

賽後頒獎典禮,季前曾於太空人處置事件失言、復賽過程又導致勞資惡鬥的大聯盟主席曼佛瑞德,站在他口中的「那塊金屬(聯盟主席金盃)」前,對著曾是太空人偷暗號事件的最大受害者──洛杉磯道奇隊致冠軍賀詞時遭到全場球迷噓聲以待,在他將「那塊金屬」頒贈給洛杉磯道奇隊的歡慶畫面,畫面極其諷刺。

無論如何,洛城雙冠仍舊撫慰了年初因前湖人傳奇球星柯比‧布萊恩不幸墜機身亡事件大為受創的洛杉磯城市居民心情,一如當年波士頓馬拉松爆炸案後的紅襪隊奪冠故事;但當洛杉磯道奇全員在場上歡慶奪冠的時刻,另一樁「洛城雙冠」的突發事件可就不那麼令人歡欣雀躍了。

此前提過的主席失言事件中曾跳出來抨擊曼佛瑞德的道奇隊明星三壘手透納,在世界大賽第6戰戰況膠著之際突然離

場，轉播單位除了一邊關注後續賽況，也一邊確認他是否有傷勢影響；結果在道奇確定打敗光芒以後，轉播單位傳來字卡消息，透納是因為新冠肺炎篩選呈陽性反應被迫退場！正當道奇隊上下都還沉浸在奪冠喜悅時，也一邊接受著這令人錯愕的「奪冠」快訊；然則更令全世界球迷驚訝的畫面還在後面；在道奇隊全體隊員、教練團及眷屬群於場中慶賀奪冠的合影時刻，透納再度返回場中做出捧盃、合照，與隊友擁抱和親吻妻子的行為，而且他當時拿下了口罩。

或許正如許多熟知美國國情者所言，在經歷疫情浩劫後的半年，美國人對新冠肺炎的看待已不如亞洲諸國那般如臨大敵，甚至有部分美國人認為這只是一種流行性感冒。

事情還沒結束，在多次處置事件失當後成為眾矢之的的大聯盟現任主席曼佛瑞德，於洛城「一日雙冠」的後續處理再次讓人大開眼界，他在與大聯盟的共同聲明中，判定透納的行為雖然錯誤但毋需受罰，聲明一出再度引發與論譁然。

在此聲明中表示，透納確診當晚有溝通不良的狀況產生，因此透納雖難辭其咎但可不被懲處，主要原因有三，「第一，透納的隊友鼓勵他離開隔離室回到場上參與慶祝，有不少隊友覺得早已和透納近距離接觸過，也願意承擔風險、第二，透納指出自己曾獲得道奇隊球團人員允許他回來參與合照，雖然這可能是溝通不良的結果，但至少有2名道奇球團人員告訴他可以回到場上，他們的允許誤導了透納認為自己的行為可被接

受。」

透納也在聯合聲明中敘述了當時的狀況：「我在隔離室等待隊友慶祝，過了一會，我詢問球團工作人員能否讓我回到場上和妻子合照，因為我以為當時場上的人應該已經不多，印象中當時工作人員沒有阻止我回去。原本我只是想兩人合影留念，但後來隊友們紛紛上前祝賀，我應該等到場上淨空再上去和妻子合照，而且我也不應該拿下口罩，我為這些行為向在場者道歉，我絕對無意讓任何人感到不快、或讓任何人暴露於染疫風險之中。」

即使真如聯盟及透納聲明所述，會發生此錯誤可能源自混亂間的溝通不良，但美國本土疫情尚未趨緩，作為公眾人物以及職業運動組織，在防疫上出現的重大瑕疵卻不受懲處以儆效尤，將成為其他球隊怠慢防疫的惡例。

從透納事件的處理，能窺見美國職棒（或美國社會）看待防疫的態度，首先是消極，其次是沒有明確的規範，其三是即便有規範，面對違規也從未嚴格懲處以正歪風；況且如今在美國社會中確實存在著「強制戴口罩是限制人民人身自由」的一派說法，此派理論無視自身或他人是否有染疫風險，也無視疫情已經造成多少人的死亡，而只是堅稱自由是美國的核心價值，確實是名副其實的「不自由毋寧死！」，用自己和他人的生命在捍衛自由。

面對他國文化和社會背景差異，即使不認同也還可以尊

重，然而最令人無法接受的是，即便隊友間認為這只是感冒，職業運動員方當壯年，自恃身強力壯當可快速痊癒；但不該無視的是當時場中慶祝者尚有家眷婦孺，尤其是沒有行為自主能力且不知該遠離危險的幼兒！疫情或許對運動員影響甚小，但無法預期傳染後對身體免疫機能尚未發展健全的孩童會否有致命影響或不可逆的傷害。

最糟糕的是，這並非這些人自己願意承擔的風險，毫無自主權的幼兒只能被家人帶到現場並暴露於危險之中，為染疫者無知的行為承受高風險，他們並不是那群「選擇與隊友與共者」，只不過是這些人自私與無知下的受害者。

無論美國社會對防疫如何看待，也不管捍衛自由是多麼崇高的理念，個人自由不應妨礙他人生命安全，是每個合格公民應當具備的基本概念，「洛城一日雙冠」事件為這個城市的榮耀時刻增添了美中不足的註腳。

聯盟對此事件抱持的寬容態度，確實無異於開出惡例，沒懲處球員和允許透納進場的相關工作者，等於跟群眾釋出訊息：「不用在意防疫，要改的人太多了，那就改天吧！」上行下效，此例終將造成聯盟各隊難以謹守防疫規範，未來此類鬧劇也將再次重演。

當大聯盟高層在為疫情肆虐造成的利益損害和分配不均焦頭爛額之際，真正釜底抽薪的要務其實是優先防疫，澈底根除職業運動中的疫情影響，才能理清後續影響和重建問題。疫情

造成的產業傷害和組織架構變動已經是不可逆的事實，但倘若疫情曠日持久無法從美國本土根除，各大職業運動連能否恢復日常運作都是問題，就別提從一片焦土廢墟中重建了。

第八章

從頭收拾
舊山河
疫情後的生機

「疫情將永遠改變我們的生活，衝擊和改變有多大，完全看世界如何控制疫情，中產階級以上的生活將永遠改變。」

——台積電創辦人張忠謀。

❖疫情後永遠改變的生活方式

人群的生活型態集體改變，肇因於產業結構震盪，影響後續消費型態與生活方式，例如疫情造成的群聚減少，餐飲業蕭條，大量小型非連鎖餐廳倒閉，而餐飲業背後牽動的不動產與農業亦將受連帶影響；受到疫情直接衝擊，體質較弱的中小型企業有去無回，遭到解雇的失業員工短期內也很難再投入同一個產業，因為其他勉力支撐的同業也在縮編。

受疫情直接衝擊的產業如航空、觀光、娛樂、零售、餐飲等等，由於受創甚重，即便疫情降溫，創傷也很難快速癒合，即便來年各國防疫禁令逐漸解封，但2020年因應生存而縮編或改制以後，疫情過去後也很難盡復原貌；而在疫情後的美國職棒，還需面臨許多問題亟待處理。

在疫情過去後，有多少比例的球迷願意重回球場，並如疫情發生前一樣對進場觀賽感到絕對安全？而在復賽期間的勞資惡鬥中，見證利益至上的醜陋面因而灰心失望的球迷還願意重拾熱忱嗎？疫情終將過去，職棒場館的大門也將重新開啟，只

是不一定會是大家過去熟知的模樣；疫情帶來的影響，在大方向上有產業結構和球隊編制、小方向看有賽制改變，如縮時制度、突破僵局制和全面指定打擊制，這些縮水賽季中的改變是暫時還是永久？目前都還在未定之天。

對於職業運動經營者而言，仍然可以抱持著希望，因為根據2020年美國經濟分析局的統計數據指出，疫情發生前美國人民的個人儲蓄率為8%，疫情帶來的失業潮並未降低個人儲蓄率，同時由於居家避疫令的緣故，個人消費大舉減少，但消費動能並沒有消失，只是暫時積存了起來；這代表著能夠撐過疫情的產業未來反倒有機會迎來補償式消費商機，這對美國職業運動是一項利多消息，球迷的再度進場消費，自然是經營者最關注的大事。

然而在重拾球迷消費信心前，美國職棒應當認清首要任務依然是防疫，這個不需多說，疫情若不根除，職棒營運就不可能正常，只會出現更多特殊賽季，影響勞資雙方的共同收益，其次，勞資利益拆分歧見不能再日益加深，雙方須盡快取得共識，才能為謀求共同利益一致努力。

❖勞資難題與人才板塊漂移

2020年縮水賽季結束後的冬季，恐怕將是大聯盟勞資雙方最忙碌的時候，因為他們所剩的工時不多，如果內部矛盾不能

盡快化解，就更別提明年球季要怎麼恢復球迷進場信心。

　　大聯盟在2020年底對於隔年收入範圍如何定義都尚無共識，如何拆分收益自然更不必提；另一方面，打完60場例行賽縮水賽季後，各隊要在極短的時間內決定是否要與符合薪資仲裁資格球員續約，而縮水賽季成績該如何作為仲裁裁量依據也是一個難題，大聯盟需在短時間內盡快解決這些問題，因為距離來年賽季的啟動時間所剩無幾。

　　最後的重頭戲，則是大聯盟2021年球季結束後即將到期的勞資協議，下張協議的談判時間點轉眼即至，屆時勞資雙方是否仍然處於各謀己利、針鋒相對的態勢？還是大聯盟能藉著疫情復賽談判的齟齬，發現制度面細節處的不足，進而促成勞資雙方心平氣和的共創新局，最近兩年休賽期的冬季將是決勝關鍵。

　　在美國職棒外部的環境影響，球隊縮編、閉門開打、營收短缺等多重利空夾擊，自由球員市場供過於求的失衡狀況將十分明顯，除少數頂級大物身價較不受影響外，金字塔底部的選手尋求快速簽約、提前在球隊卡位的情況紛呈，許多角色型選手都將失去大聯盟舞台，進而回歸農場逐層壓縮小聯盟原層級選手的工作權，可預見未來數年將有許多失去小聯盟機會的選手開赴海外職棒謀生。

　　美國職棒人才板塊飄移的趨勢，將意外成為亞洲職棒謀求突破的契機，因為中華職棒、日本職棒（NPB）和韓國職

Twinkle 一瞬之光

▌疫情副作用下最大的職棒利多，是為國留才。

棒（KBO），將可藉此獲得更多過去在正常營運狀況下不會
離開美國大、小聯盟體系的優質外援，只要願意投資，就不
愁找不到好的洋將，每支球隊都在做超級洋助人軍備競賽
時，洋將素質就會更為整齊，全聯盟整體競技水平也將普遍
提升。

　　此外，大聯盟自由市場供過於求、小聯盟農場減隊整併、
人員編制緊縮，也將直接降低亞洲諸國大物新人及旅外自由球
員行使FA資格跨海挑戰的意願，進而促使該國職棒多年來利

用「制度束縛」或「高價利誘」都難以達成的「為國留才」願景，幾乎得來全不費工夫，純粹是疫情副作用下，天時、地利、人和的結果。

中華職棒必須在未來2年好好把握這個契機，藉由增隊擴編、優質外援引進以及大物新秀培養茁壯來有感提升競技水平和觀賽體驗，才能從本質上提升職棒觀賽誘因。

❖ 工會、自由球員制和肖像權
中職後疫情時代的課題

制度面的過與不及，都是造成職業聯盟發展進步停滯的阻力，美國職棒大聯盟在復賽期間的勞資糾紛中，固然有資方不地道之處，也存在勞方代表球員工會強勢的問題；中華職棒雖然順利完成防疫中的完整賽季，但在風雨飄紗之後，仍有自己謀求穩定發展的艱難課題。

對比美國職棒，台灣球員工會的作用不彰、團結爭取更多權益的力道始終不足，無論對聯盟的影響力或是外部經營的媒體關係，都遠不能與歷史悠久、制度明確的美國職棒球員工會相提並論；這始終是台灣職棒成立工會多年來難以仿效大聯盟工會幫助球員爭取勞資平權與制度互惠、創造多贏時的困境，也因此多年來各球團始終可以漠視球員工會的各項訴求。

然則勞方爭取權益的訴求，有時不全是為了損及資方利

益圖利自身，爭取勞資平權的邏輯並非是要讓勞方強制從資方口袋中取走1塊錢，而是要讓資方放鬆一直緊抓勞方不放的雙手，減少束縛下可以讓勞資雙方攜手共謀從消費者口袋中多賺取10塊錢。

中華職棒未來要提升觀賽熱度，除了前述競技水平必須提升一路之外，在新擴編球隊登上一軍、增加對戰組合新鮮感後，最能拉抬職棒可看性與討論度的其實是鬆綁自由球員年限規範，讓自由球員「有限度」但「門檻不過高」的在市場上自由流通，才能活絡行銷運作、提升球迷期望和賽事刺激感。

大聯盟自由球員規定是登錄在40人名單中年資滿6年者可成為自由球員，提到自由球員制，第一直觀想到的就是提升選手待遇的最有效方式；但「不設任何限制的自由球員制」其實反不利於球員身價的提升；美國職棒70年代，時任大聯盟球員工會主席的米勒（Marvin Miller）在與大聯盟資方磋商自由球員制度時，就力主要有限制式開放自由球員，不能讓所有球員瞬間獲得FA的權利。

如不限制年資條款，只要是大聯盟球員就都能獲得自由球員權，如此一來大量「商品」全面湧入市場，上架後將造成嚴重供需失衡情形，球員身價不升反降，薪資行情崩盤，選手整體待遇反而是走下坡趨勢。所以大聯盟球員工會主張的也是有限制條件式的自由球員制，確保市場商品流通量正常，且後勢看漲的良性循環。

大聯盟勞資雙方後來以6年達成自由球員年資限制共識，讓打出身價的選手能夠獲得自由之身為自己爭取更高待遇，而各球團也不必像過去那樣對敵手陣營中看得到、吃不到的超級巨星垂涎不已，只要自由球員年資達標，各球團就能各憑本事攫取市場上奇貨可居的大魚，提升實質戰力與球隊價值，吸納更多球迷進場。

　　現行中職規定，累積9年年資才能取得自由球員身分，相比美國職棒來說實是過長；中職隊數少，每年正面交鋒場次過多已是球員出走不易的主因之一，而除了年資限制導致選手自由時年齡偏高，轉隊時買家需支付母隊的高額補償金也讓球團望之卻步，導致本就不活絡的自由市場勝似一攤死水，也讓中職自由球員制度形同虛設，每逢新賽季到來，補強陣容只能測試新洋將、吸收釋出球員和拉上新秀開箱，球迷長期缺乏陣容大幅補強的新鮮感和期望值，自然無法凝聚更高的觀賽熱潮。

　　早年中華職棒有許多小資本企業經營，所以對放寬自由球員限制引發的錢鬥效應畏之如虎，資本雄厚的財團球隊儘管現金在手，也常礙於領隊會議的共識決而無法隨心所欲；世易時移，30年來各隊金主洗牌，如今五隊背後都已是家底殷實的大型企業，在擴編增隊完成後應可逐步放寬自由球員年資限制和補償金額度，活絡自由球員市場，形成職業運動人才流動的正循環。

　　除自由市場之外，另一個需要放寬限制求取多贏局面的，

是球員肖像所有權和分潤制度。

　　中職現役球員肖像權按現行規章規範為球團擁有，並非球員自主掌握，當授權球員肖像給第三方生產（如球員卡）商品後，目前的通例是球團主張此屬制式契約中「球團支付給選手的薪資已包含肖像權利在內，因此球團方已算將分潤適當給予選手」的約定範疇；而進行廣告代言和商品開發等，球團過往會視狀況依7比3或6比4的比例與球員拆分；中職各球隊其實都在制式契約以外，有和選手簽補充協議，去約定一些制式契約沒有提到的細節，愈「大咖」的球員，愈有可能在補充協議裡爭取參與行銷活動的分潤，也愈可能分到較高的比例，至於身價一般的選手則沒有這類待遇。

　　活動出席費的狀況則看通告發起單位，若由球團發起，除基本交通核銷外基本上不太有出席費或收益分潤；若是中職聯盟的邀約，母球團會以優惠價格讓選手受邀出席，出席費則由聯盟支付；若是外部活動邀請，則依照合約議定比例由三方（球團、球員及經紀公司）分潤，至於分潤佔比一樣視選手大咖程度而定。

　　MLB在這方面的制度上，球員的肖像權都屬於球員個人所有，大聯盟和其所屬球團僅能在職業棒球運作的領域下使用選手肖像，但超出此範疇的廣告、出席、代言的肖像運用權限（只要不穿球衣），權利完全歸屬於球員本人。

　　國外球團沒有選手的經紀約，義務上球團不需要行銷選

手，而球員任何的代言、出席、廣告，球團沒有協助執行的義務，也沒有抽成的權限。球團、球員勞資雙方基於魚水相幫的概念，可以相互配合行銷，但是純粹基於為了彼此好，沒有強制性的規範效力。

球員肖像權本屬球員所有，由球團把持不一定能夠把效益最大化，雖不可能短期內拿回所有權，但工會可以朝向肖像權商用時逐漸調高球員分潤佔比，最終逐年取回的目標邁進；穿著球隊球衣時權益自然歸屬球團，但若球員經紀公司談的業外代言或廣告，肖像權所屬就應回歸球員所有，否則經紀公司在替球員爭取代言時會有操作困難和諸多限制。

球團合約綁經紀約及肖像權的狀況是雙輸局面，從權30年應該要有改變了。從球團幫助行銷球星的正面角度切入，台灣每年球員的代言、廣告、活動出席在檯面上就是那些機會，一年有機會拍廣告接代言的球星當屬少數，而且過程從主導、接洽、派遣、分潤都是球團部門出力、掌控，最現實的問題就是職棒目前只有5支球隊、5個行銷部門最多不過共50名行銷人員，人力與時間有限，所能觸及的異業合作領域也有限，能開發出的球星肖像商機更必有限，在此狀況下，透過外部合作單位共同努力，才能將球星個人品牌的價值最大化。

過去我自己曾任職過職棒行銷，深知球團有限的人手光是應付場內活動、賽務、自家商品行銷和啦啦隊推廣就已經夠耗費精神，根本無法讓大多數球員有更多露臉、增加球星商業

價值的機會。說真的，資方雖握有球員肖像和經紀權，但台灣球星市場的現況獲利就不是很豐厚，有廣告代言、出席活動，球團要派車出人手、要耗費工時盯場，本就微薄的收益再經眾人抽成，實際上根本增加不了太多收入，對選手而言是雨露不均，對球團來說是吃力不討好，反而造成兩頭不樂意的局面，把持球員全數的肖像權不放，其實沒有真正受益良多的一方。

現在職棒選手大多都有隸屬之經紀公司，把球員肖像權、經紀權還給球員，利用經紀公司的人力，幫助旗下選手作個人形象包裝、爭取廣告代言和商業活動出席機會，可以分擔掉行銷人員的工時，還可以幫助選手本人拓展棒球場外的名聲，進而延伸商機；最終該選手所增加的媒體聲量，依然會因為他還是職棒現役選手身分進而宣傳到中華職棒與其隸屬球隊的名聲。

讓選手的經紀公司去為他量身訂做規劃，球團不用耗費自家團隊人力和時間成本去擔心選手代言處理，在這一點上讓利給球員，球團的實質利益將不損反增；反之，資方長年把持肖像權，只會讓選手面對各方合作邀約時消極以對，心想「這些利益也不會回到我身上，倒不如專心打球」，少接活動，自然而然在選手及球隊的曝光聲量、實質收益都將下滑，球迷也買不到更多選手肖像商品，職棒熱度自然不彰，沒有人是贏家。

說到制度約束，在2020年這個世界職棒充滿動盪與爭議事件的賽季結束後，年底仍然餘波盪漾；11月下旬，在味全龍將

於一軍粉墨登場前的最終擴編選秀結果即將決定之前，中華職棒聯盟因規章的不明確、不透明，以及闡述自由球員制度前後定義不一的問題，再度成為眾矢之的。

因應擴編選秀規定，新球隊建軍第2年需於既有諸隊18人保護名單外，挑選一位選手並支付母球團轉隊費，此規定是在擴編規則中明文確立且早行頒布，無論選手本身是否物超所值，都是新球隊在申請加盟前就已經知道且願意恪遵的規範；然則問題出在既有規則對後續選秀和保護名單的範圍定義不夠完善以至聯盟需另行補述，也就是味全龍加盟後登上一軍的首年，該季季中選秀龍隊的遴選順位須採抽籤決定；另一條則是增設「各隊近2年內選入之新人自動受保護不需額外納入18人保護名單」，此2項條例無疑增加了味全龍延攬好手的困難度。

而真正造成混亂的關鍵在於「各隊自由球員宣告行使FA資格後，將自動納入保護可不被擴編選秀遴選」之既有規定所引發的一連串連鎖反應。

在擴編選秀名單確定前，原始球隊中之中信、統一、富邦等3隊共計有7名選手行使自由球員資格，其中有人是為了爭取更好待遇，也有人是技術性行使將自身納入不受擴編隊遴選的保護傘中，也因此引發部分龍迷抨擊；然則儘管無法透過擴編選秀遴選，宣告FA的選手只要味全龍願意出資延攬，依舊可在錢鬥中爭取到FA大物充實即戰力，技術行使FA是制度許

可，無可非議。

但最大的問題出在**中職規章對各隊當年度自由球員的簽約人數限制**，規則是「**當該年度行使自由球員權利之選手在8名（含）以下，則任何球團不得與超過2名以上之行使自由球員權利之選手締造契約**」，由於今年不乏選手技術性宣告FA擴大保護名單，所以規章的爭議點出在「若自由球員都未與新球隊締約，母球隊也不能簽回超過2名從該隊宣告為FA的選手」；以統一獅為例，2020年獅隊共有王鏡銘、陳鏞基和傅于剛等3位選手宣告成為自由球員，若他們最終都未與新球團締約，則母球團統一獅按規定最多只能簽回他們3人中的2位，將有一位選手失業；而因應此疑慮回應時，聯盟的首次解釋是援引2012年版的中職規章內「任何球團不得與超過2名以上之『其他球團』行使自由球員權利之選手締造契約」，如此一來，技術性宣告FA者，在沒有轉隊時仍可不受人數限制被母隊簽回，這一項保障措施再次引發龍迷不滿，認為這是過度保障既有球團權益，對新球隊不公。

事實上，中職規章在自由球員締約人數條文中確有上述「其他球團」描述的版本，但只出現於2011、2012年版，2010年的初始版本和2015年修改之後的規章則又沒有「其他球團」4字，也因此中職現行制度下母球團簽回自由球員的數量到底有無受限一事確實令人費解；而最麻煩的是，聯盟針對此規範的定義闡述，後續又出現前後不一致的爭議。

2020年11月24日，中職聯盟對外發表聲明，解釋制度採行標準為「無論任何球隊，該年度簽約自由球員的數量都受限制」，也就是說已非採行2012年規章版本中的母球團簽回不受額度限制，如此一來則讓同隊有超過3名選手宣告行使FA的球員開始為自己的工作權擔憂，獅隊選手王鏡銘率先發難於社群，宣布已透過管道抗議並撤銷行使FA，而聯盟也因規則闡述失當而公開致歉，並允許自由球員可撤回FA申請，創下該制度設立來的先例；而在前後二次闡述規章對自由球員規範的不同定義後，不僅沒有緩解既有龍迷的不滿，反倒造成其餘四球團選手與球迷的混亂，處置確有失當，是以難杜世人悠悠之口。

　　2020年底闡述FA條文的臨去秋波，充分反映中職規章不願公開透明，導致缺乏公信力且易引發爭議的缺點；各國職業聯盟的制度協約都是在歷史進程中經過各方專業人士不斷研討、反覆推敲後方使頒行，即便一時有未盡事宜需要補述，也會考慮周詳並務求邏輯連貫再公諸於世，讓商業聯盟照章行事運作暢行無阻；而中職規章長期處於「事緊時才公開部分條款」，並有諸多版本混淆不清，在碰到相關問題時搬出塵封已久的條文加以解釋，碰到闡述不清的漏洞時則在思考未臻完善時就急於補述，並非針對聯盟商業發展時各種可預見的情形事前詳細研擬，並經法、商、球界專家互相驗證之後頒布、以建立具公信力且各界能心悅誠服的典章制度為最終目的，最終只能苦吞

進退失據的苦果；此一處置失當，不但在新隊擴編的喜事上平添令球迷不快的記憶，更糟糕的是埋下往後選手對行使自由球員權利時卻步的隱患，市場活絡度不進反退，影響不可謂不鉅。

中職常被人說「我們有我們的玩法」這句話本質上沒錯，風土民情各異，各國職棒都有因應國情的制度與風格；然則這次在疫情下美國職棒雖然有過於堅守原則且無視大局的勞資交鋒，但MLB百年經驗淬鍊而成的典章制度，仍有中華職棒在後疫情時代活絡市場時的借鏡之處，這也是在作完2020年鏡花水月般的高關注幻夢後應當靜心思考的現實：**「共體時艱」是身陷亂世的大局觀，回歸昇平年代後「適度讓利」才是開創新局的不二法門**；當世界各國職業運動回歸正軌，在異常高關注煙消雲散之後，應當回歸制度面發展健全，才是職業運動的強盛之道，放諸四海皆準。

❖ 自媒體百家爭鳴　體育創作的社會責任

中華職棒在2020年上半季成為全球關注的焦點，提供海外球迷雙語轉播服務的初期，曾單周內吸引近500萬國外球迷的收視。

作為全球唯一開打的職業棒球時，高關注度雖然沒有反應在轉播權利金收益上，但卻股實了媒體績效與中職相關創作

者的流量數據；以《運動視界》網站為例，2020年中華職棒題材的瀏覽數相較往年高標成長86%、數據績效不但遠超大聯盟與日本職棒兩聯盟的總和，還超越以往在台灣運動收視人口最高的NBA；嗅到商機的專欄作者和網路YouTuber（影音部落客），在高點閱率誘因下紛紛捨棄以往著力耕耘的運動項目，轉往投資報酬率較高的中職題材創作（包含專欄、影音、廣播和談話性節目），一時間百家爭鳴，好不熱鬧；但隨之而來的就是素質參差以及創作素材取得的正當性問題。

運動創作者的責任到底是什麼？從事運動行銷和體育媒體業邁入第12年，每年我依然不斷思考這個問題。

在社群發展普及後，自媒體發聲渠道如雨後春筍般湧現，資訊不再只是由傳統媒體如電視、電台、報章雜誌單方面灌輸給閱聽人，而是閱聽人自己對特殊事件和即時新聞有意見，都能隨時透過自媒體發表高見。

愈是動盪不安的外在環境，愈容易激發最深刻的思想價值，戰國先秦諸子的論點數千年來依然是中國思想史的精華奧義，讓後世思想家難以超越；21世紀社群媒體的百家爭鳴是一件好事，對體育創作也是，有人創作、有人關注、有人討論，對體育發展來說是良性循環。

所有創作者不言而喻的共識是：「不怕讚、不怕幹，就怕沒人看！」作品無論是得到正、反面評價，被讚揚、認同或批判、指責，無論如何總是有激起漣漪，喚起大眾對相關議題關

▌體育創作的初衷，是傳達運動的美好與哀愁。

注，創作者最怕的是發表作品後如泥牛入海、乏人問津。

在將點閱率轉化為營收的平台機制廣泛運行後，專欄作家、網路紅人吸睛、吸金，各憑本事，但君子愛財，取之有道，大多人只想到「讓閱聽人有反應」，卻常常忽略應該要得到「好評大於惡評」的結果，在瀏覽數字掛帥的如今，蹭熱度文本激增，內容專向爭議事件靠攏，劍走偏鋒的現象屢見不鮮。

其實台灣的職業球隊、記者、作家、運動行銷、廣告公司和設計公司中，不乏許多對國內外職業運動營運行銷、商務模

式、勞資協商、歷史文化、隊史紀錄及典章制度沿革有深刻了解的高人，他們將自己多年的學養與觀察融入創作之中，化作新聞、專欄、圖像、影音和商品設計；希望透過自己的作品，將職業運動的美好傳達給閱聽人。

近年在協助新媒體和運動行銷公司審核新人作品時，常常可見許多挖掘了好題材，可惜對文化制度缺乏深刻了解而搔不到癢處、或因語文闡述能力不佳，無法將好議題具體落實為好成品；礙於創作技巧不足以化繁為簡、深入淺出，所以曲高和寡，閱聽市場不買帳，最後有深邃文化價值的作品愈來愈少，取而代之是大量迎合網路風向、靠爭議事件不著邊際的謗議橫流者。

2020年此狀況有變本加厲的趨勢，有很多網路創作者見獵心喜，眼見中華職棒有爆量的點閱潛能故將重心轉移此處，但卻沒有真正能切中要害的評析眼光，也沒有實際與球員、球界工作者的實際互動經歷，那要如何才能無中生有搶到高流量？漸漸他們發現似乎迎合網路風向，質疑、批評台灣職業運動和球隊就會吸引眾多網友跟著點閱奏落，於是創作題材愈來愈朝爭議事件靠攏，例如2016年義大犀牛葉君璋總教練故意保送蔣智賢事件、以及2020年的本壘波西條款事件中，都產生了大量除了批判、攻評外對環境進步和實質改革毫無價值的作品；內容低落還屬其次，最糟糕的是創作時不告而取，擷取他人研究成果做為己用，剽竊數據、抄襲文字、盜用圖片和版權影片

於作品中據為己用以之營利，2020年中華職棒關注度最高的時候，偷盜他人版權物做出內容於環境毫無助益的作品層出不窮，成為中職高關注度下難以遏止的亂象，令人喟嘆。

而縱容此類創作者食髓知味且不知錯在何處者，是閱聽市場對著作權的普遍意識低落以及反饋的點閱數據，在流量高就是王道的年代，只要有市場就有恃無恐，只要瀏覽數高就有底氣，在高點閱帶來高營利的誘因下，愈來愈多人忽視內容該言之有物和素材該取之有道。

過去幾年與體育圈奮鬥的年輕記者、作家，運動行銷新銳的交流中，邂逅不少有學理、有理想的年輕人，他們有些確實不擅長化繁為簡，包裝其實對環境很有幫助的深度議題，讓更多讀者看到，而受閱聽市場低靡的點閱績效反饋後，他們逐漸選擇沉默……或說被閱聽市場沉默，他們不再闡揚觀點，只是默默做好自己領薪水的那份本質工作，閱聽環境無聲的扼殺人才，令人惋惜。

從事體育創作的責任是什麼？其實很簡單，就是闡揚運動的光明面，無論運動類別是中華職棒、NBA、MLB、日本職棒還是台灣籃球，任何運動項目都好，創作最重要的核心價值就是「傳達運動文化的美好、提供進步的解答」。

要發出破壞性批判很簡單、看風向搞對立弄流量也很容易，但這只是殺雞取卵、傷害環境，台灣體育圈從來不缺出嘴批判者，體育環境要進步真正需要的是那些能提出解決方案的

人才，是那些願意挽起袖子埋首建設的執行者。

　　我在任職《運動視界》、麥卡貝、TSNA總編輯及與業界優質媒體和相關產業合作時，逐年匯集了一批有理想的創作者進行筆耕，作球員與業界人士的專訪、也參與工會座談力求幫助制度面改善，多角度撰寫國、內外聯盟制度、轉播權、商業利益分配、工會與職業聯盟協商的相關議題，出發點是希望能夠見賢思齊，讓台灣的體育環境能夠進步，作品無意攻訐和製造對立；人多不代表正義，風向不一定是真理，所以我們常頂著逆風用作品闡述事實，只是為了捍衛真理，幫助被多數網民霸凌的受迫者說幾句公道話，儘管逆風容易被罵、儘管冷門文化題材沒有點閱，我們仍然創作不息，因為中華職棒有更多值得永續經營的存在價值、有值得代代相傳給後世子孫的美好之處等著我們去耕耘，因為我們生長在台灣土地，所以愛中華職棒到了極處。

　　我曾採訪中職近10年來的所有全壘打王得主，只為了比較跨世代的打擊型態，及從他們口中得知邁向巔峰的心路歷程，聽聽棒球對他們的意義，以及他們對台灣體育環境的觀察，和對自己的下一代投身職棒的建議和期許；我參加工會座談，提出肖像權讓利如何讓勞資雙方多贏的建言，我寫過台灣棒球的制度如何柔性漸進；我身邊這群有理想、有志向的作家集團，他們或實地深入球場採訪、或任職於運動周邊產業、或投身三級棒球偏鄉學校服務，他們劍及履及，用自己的雙足雙眼親身

體驗見證，只為詳實記錄台灣各地棒球的美麗與困境。

　　如果這本書您願讀到這，並反思台灣運動創作者和閱聽人對體育環境成長的共同責任，那我想這段嘮叨的文字或許對環境真能有點助益。

　　在社群蓬勃發展的現在，傳統媒體寡占市場、單向傳遞訊息的年代已成歷史，每個人都有自己的發聲筒，只要找到合適的平台就能擁有話語權；但當新世代開始從事體育題材創作的同時，莫忘自己傳遞的資訊要負擔社會責任，如果作品無法為台灣體育圈及閱聽人帶來成長茁壯的養分，那又何必曠日費時，提筆撰寫？

▌筆者2016年出席中華職棒球員工會座談，探討中職規章議題。

❖ 東京奧運　日本的振興三倍券

　　最後這章再來復提東京奧運，但這次不談未來，而是談談它的過去，這則小故事也是呼應上節提到的「用創作幫助環境建設」的實例。

　　如果列出2020年全年台灣的熱搜關鍵字，「東京奧運」和「振興三倍券」，二者肯定榜上有名；有趣的是，東京奧運對日本人的過去和未來而言，的確都被期許扮演經濟振興的角色。

　　2020年是原訂的東京奧運年舉辦年，日本投入大量成本，視之為帶動經濟復甦的金雞母，不料卻因遭逢疫情一波三折，成為現代夏季奧運會史上，首次非因戰爭因素導致無法如期舉行的首例。

　　戰爭和體育都是政治的延續，無可避免會受到國際局勢影響，1940年夏季奧運原訂舉辦地點就是東京，但最後卻因二次世界大戰爆發而喊停。

　　在日本國內一片衝經濟、開能源、展工業的思潮下，也影響該國漫畫產業的發展；漫畫在日本興盛的起源，脫離不了報紙、戰爭的依存背景；二戰期間，依附報紙副刊發展的漫畫家們，或自發、或被迫的因應國家需求，提筆繪製大量鼓勵從軍、發展軍備、能源工業等題材漫畫，儼然成為非編制內的文宣人員，有些漫畫家是為謀取利益而畫，有些漫畫家則是秉持

沒被徵召上前線打仗，就用畫筆報效國家的想法而畫。

二戰結束後，日本必須從殘破的廢墟中重建，不僅需要提振經濟、恢復生產，還急需撫慰國民的群體創傷，此時運動與漫畫再次扮演精神食糧的關鍵角色。

50年代起日本推動原子能發電，但因二戰時廣島與長崎的原暴陰影仍在，社會大眾普遍對原能反感，此時日本漫畫之神──手塚治虫大師筆下的經典角色「原子小金剛」，作為推動原能的大使而誕生，它的崛起與走紅，是政治角力下時代玉成的結果，但亦具備少年漫畫中罕見的深層反思價值，原子小金剛將時代需求融合於故事劇情，兼闡述跨族群歧視、機器與人性、科技與自然的對立掙扎等議題，即便放到現代，仍是發人深省的作品。

原子小金剛一炮而紅，在60年代被製成電視動畫，也間接促成日本商用核電站的落成；與此同時，日本以體育振興經濟的腳步也如火如荼的開展，東京在1964年如願舉辦夏季奧運，成功帶動經濟復甦，也讓全世界見證大和魂在戰敗後仍能快速崛起的勇猛頑強。

東京奧運落幕後隔（1965）年，東京仍處於體育產業方興未艾的熱潮，日本職棒國鐵燕子隊在該年轉售產經新聞，將主場正式遷移至東京，並在翌年更名為產經原子小金剛隊，球隊新吉祥物，正是帶動能源與經濟發展的要角──原子小金剛！在特殊時代背景下，奧運、動漫與棒球攜手拯救了日本戰後的

經濟發展，撫慰了國人苦悶的心情，成為日本戰後的另類「振興三倍券」。

其實手塚治虫大師曾自評原子小金剛是他人生的敗筆，認為它是過去自己被利益驅動下的產物，並坦承只在繪製初年才真正有做為創作者的快樂；儘管做為「父親」的手塚治虫並不衷愛這個「孩子」，但原子小金剛仍然具備獨一無二的時代象徵意義，也是漫畫迷公認手塚大師最具代表性的作品。

時光推移至2020年，猶如歷史重演，日本再次寄希望於東京奧運，籌辦過程挹注重資，並同樣寄望其擔綱「災難後振興」的重任，藉由舉辦奧運能讓日本走出2011年東日本大地震後的經濟衰退，將日本國內跨領域的技術革新推向全世界；但在疫情影響下一切只能暫緩；期盼東京奧運會真能順利舉行，讓大和民族再一次讓全世界見證他們的百折不撓。

❖給工作人員多一些掌聲

如果評比「2020年職棒場上令人印象深刻的名場面」，我不會把票投給防守美技或觸身球衝突，而會投給以下這個畫面。

2020年9月台南球場的獅象戰，第三局因天降暴雨比賽被迫暫停，場務人員緊急拉起內野大帆布保護場地，有一位工讀生在工作過程失足跌倒，被大帆布覆蓋，後來驚險地找到出口

從帆布中爬出，所幸只有受了一點皮肉傷。

　　球季結束後，這個畫面始終反覆在我腦海裡出現，一場比賽之所以能完成，是背後無數無名幕後工作者辛勤堆砌的成果，2020年順利完成的防疫賽季更是如此。

　　台灣氣候潮濕多雨又無室內棒球場，每逢雨季，儘管主場活動豐富，遇雨延賽或延後，打打停停到將近跨日才完成比賽的狀況屢見不鮮，儘管工作人員的籌劃再縝密，遇上天公不作美也只能徒呼負負。

▌一場比賽的完成，是無數幕後英雄的辛苦結晶。

要完成一場讓球迷值回票價的賽事，從預先企劃、行銷宣傳到現場執行，比賽前、中、後環環相扣的執行細節都要留心，才能讓球迷帶著滿足喜悅的心情回家，包含場邊的美食珍饌、商品販售、活動執行都是。

　　球隊場務和聯盟工作人員更是無名英雄，場務在沒比賽時細心維護草皮與紅土，修剪、灑水；如碰到豪雨和颱風來襲，球場週邊的牆面損傷、內野紅土的流失和外野草皮的損害及球場不平整的狀況恢復，都是觀眾看不到時，以少量人手和短暫工時快速修復完成。

　　比賽進行時，場務與聯盟工讀生、球僮需時時待命，雨天比賽尤為辛苦，隨時帆布待命，搶救球場覆蓋黃金期，帆布撤了蓋、蓋了又撤，除水、補土，只為避免選手比賽發生危險，這份動力來自對球場工作的熱情，他們是比賽得以順利進行的英雄。

　　「謀事在人、成事在天」，這句話用來形容無室內球場可用的中職工作者最為貼切；球隊戰績他們使不上力，大自然的變化他們亦無法掌握，一切機關算盡超前部屬，也只能焚香祝禱，盡人事聽天命。

　　感謝第一線醫療人員、疫情指揮中心、以及所有醫療用品優質廠商、及全體中華職棒工作人員的辛勞付出，因為有你們，才有2020年賽季的圓滿完成，希望各位球迷不吝給這些無名英雄多一點掌聲。

❖生生不息　疫情後的蓬勃生機

　　MLB身為世界職業棒球領頭羊，疫情下一舉一動備受矚目，過去沒有疫情應變經驗可供依循的情況下只能且戰且走，聯盟高層處置動輒得咎尚屬情有可原；逝者已矣，來者可追，最重要的是能否生聚教訓，建立確實防疫流程，並將復賽期間發現的制度不足處加以完善，快速應對不可預料的未來，讓世界最高棒球殿堂的聲威與榮景再起，否則作為世界職棒頭號交椅，大聯盟的興衰也將關乎棒球運動的發展氣運。

　　平心而論，若非美國職棒這般累積超過百年的殷實家底，在突如其來的社會動盪很難平穩過渡，美國境內在2020年接連爆發大規模疫情傳染和數次種族衝突，加上適逢總統大選，形容為混亂中找章法一點都不為過；此種亂局倘若發生在台灣，中華職棒是否能比大聯盟高層處理得更好實屬難說，所以更要借鑒國外範例，見賢思齊，見不賢當內自省。

　　中華職棒從延遲開季、閉門開戰、梅花座限額進場，到最後台灣大賽上破萬觀眾入場，共同見證「傳統一戰」統一獅逆轉擊敗中信兄弟奇蹟奪冠！這個賽季能夠圓滿落幕並不容易，對照美國職業運動所遭受的重擊，更令人深覺台灣土地上孕育的中華職棒，確實深受父國母土的眷顧，在嚴謹的防疫保護傘下終能完成賽季，且周邊產業不至傷筋動骨；嶄新賽季轉眼即至，穢土重生屆滿兩年的味全龍隊終於要在一軍粉墨登場，從

此中職五隊攜手並進，前景可期。

　　過去2年，台灣體育圈傳統媒體之電視頻道、報紙、雜誌都各有代表性傳媒結束營運，這是一個舊時代的結束，也是新潮流的伊始；2019年《Hoop Taiwan》雜誌、2020年《聯合晚報》和福斯傳媒相繼熄燈，眾多小資本運動行銷及活動公司進行縮編、整併及改組，失業的優秀人才投入自由市場，促進業界重新洗牌，能撐過疫情的企業，更需時時留心人才脈動，適時吸納補強，方可化危機為轉機，逆勢再創高峰。

　　過去長年耕耘美國職棒和海外棒球的專業人才，如前輩王雲慶（Boston）、吾友李秉昇、王啟恩等，在2020年中職海外推廣期間受邀加入英語賽事轉播陣容，為中職實況播報呈現嶄新風貌；而在數據績效與關注度的背書下，遊戲代理商網石棒辣椒（Netmarble Joybomb）極具敏銳度的在2020年底與中華職棒再次攜手合作，復推知名棒球手遊《全民打棒球Pro》，揭開職業運動商機復甦的序幕。

　　與此同時，低靡已久的台灣籃球產業又傳動靜，籃球人「黑人」陳建州號召有志企業主，集資共組全新職業籃球聯盟「P. LEAGUE+」，以2020為創始年，4支元老球隊分別為：台北富邦勇士、福爾摩沙台新夢想家、桃園領航猿和新竹街口攻城獅，寫下台灣籃壇採行屬地主義與新型行銷的職籃新篇章。

　　昔年中華職籃（CBA）倒台後，台灣籃球發展每況愈下，P. LEAGUE+在疫情爆發後的年底於萬眾矚目下登場，它的毅然

崛起不僅背負台灣籃球迷沉睡近廿年的殷切期盼，也代表台灣
體壇疫情過後終將大破大立的象徵指標。

　　疫情摧殘以致焦土遍地，亦讓母土生產力得以蓄積，經過
隆冬一陣大雪覆蓋，萬籟俱寂，輾轉時移，待得來年3月驚蟄
春雷驟起，草木殘灰化為春泥，滋養紅土與草皮的芬芳氣息，
期盼台灣體壇生生不息，終能喜迎豐收之時。

▎紅土與草皮的芬芳香氣，孕育台灣棒運生生不息。

後記

　　《疫情副作用》這個題材，原是有感2020年職業運動動盪不安的觀察筆記，後陸續成篇發表於《職業棒球》雜誌；承蒙吾友秀威出版社編輯齊安兄的邀約，得以將之撰文成冊，記述這百年一遇的歷史進程。

　　這本書的完成，獻給所有資深球迷和一日球迷，當我們將注意力移到棒球賽時，某些程度都有些隨波逐流的愚痴，因為這是信仰產生的開始；從小到大我們看過很多職業賽和國際賽，曾經被輿論風向煽動，也歷經慎思明辨、反思反饋的過程，對我輩球迷而言，這是愚昧的時代、也是信仰的時代，作為一個狂熱的職業運動迷，愚痴和信仰本就很難劃清界線。

　　寫出這本書，希望在年老的時候可以跟子孫述說，我們曾經歷黑暗的時刻，和光明的時節；我們曾在絕望的冬天擦乾眼淚，繼續迎向下個希望的春天；當春季來臨時，我們可以安慰自己：「還好，我們還有職業棒球！」這是最壞的時代，也是最好的時代。

Twinkle 一瞬之光

銘謝

感謝棒球作家大艦巨砲主義萬歲！、布拉德、一貫三（王作城）、珍瓏策（廖永樺）提供中華職棒比賽時長、投手使用人次及用球數、好球帶及半季制度相關專業諮詢及數據研究。

感謝國立台灣體育運動大學黃致豪教授、逢甲大學人工智慧研究中心許懷中主任論文著作《Approximating strike zone size and shape for baseball umpires under different conditions》惠我援引為書中旁證。

感謝國立體育大學陳子軒教授、作家兼《Hito大聯盟》podcast主持人李秉昇提供數位媒體轉型及大聯盟勞資協商和制度典章歷史沿革之專業諮詢引述。

感謝《關鍵評論網》共同創辦人楊士範、《運動視界》主編楊東遠，提供優質的新媒體平台讓一群有志於筆耕幫助台灣進步的作家能有充分揮灑的空間；感謝運動攝影師陳筠提供專業圖輯作品為拙作增色。

感謝本書推薦人，我尊敬的前輩、師長及多年相互砥礪的好友，名球評曾文誠先生、名球評陳子軒教授、《關鍵評論網》共同創辦人楊士範大哥、《運動視界》主編楊東遠大哥、

TSNA執行長卓君澤、作家瞿欣怡、李秉昇、球員工會理事長周思齊、名作家&主持人謝文憲大哥、麥卡貝網路電視總經理廖啟璋（Eric）大哥、暢銷書作家&美國非營利組織Give2Asia家族慈善主任張潚仁（Jill），感謝你們對我的信任，願為本書推薦。

　　感謝我最親愛的家人，爸爸、媽媽、弟弟、老婆和寶貝兒子，包容體諒我寫作時的急躁與任性，我永遠深愛你們。

　　　　　　　　卓子傑　2020年12月寫於台灣新北市。

▍筆者與名球評曾文誠（右）合影

醸生活33　PE0192

 疫情副作用
　　——新冠肺炎下的職業棒球

作　　　者	卓子傑
攝　　　影	陳　筠
責任編輯	喬齊安
圖文排版	蔡忠翰
封面設計	蔡瑋筠

出版策劃	醸出版
製作發行	秀威資訊科技股份有限公司
	114 台北市內湖區瑞光路76巷65號1樓
	電話：+886-2-2796-3638　傳真：+886-2-2796-1377
	服務信箱：service@showwe.com.tw
	http://www.showwe.com.tw
郵政劃撥	19563868　戶名：秀威資訊科技股份有限公司
展售門市	國家書店【松江門市】
	104 台北市中山區松江路209號1樓
	電話：+886-2-2518-0207　傳真：+886-2-2518-0778
網路訂購	秀威網路書店：https://store.showwe.tw
	國家網路書店：https://www.govbooks.com.tw
法律顧問	毛國樑　律師
總 經 銷	聯合發行股份有限公司
	231新北市新店區寶橋路235巷6弄6號4F
	電話：+886-2-2917-8022　傳真：+886-2-2915-6275

出版日期	2021年3月　BOD一版
定　　價	380元

國家圖書館出版品預行編目

疫情副作用：新冠肺炎下的職業棒球/卓子傑著.
-- 一版. -- 臺北市：釀出版, 2021.03
　　面；　公分. -- (釀生活；33)
BOD版
ISBN 978-986-445-451-8(平裝)

1.職業棒球 2.運動產業

528.955　　　　　　　　　　110001931

讀者回函卡

感謝您購買本書，為提升服務品質，請填妥以下資料，將讀者回函卡直接寄回或傳真本公司，收到您的寶貴意見後，我們會收藏記錄及檢討，謝謝！
如您需要了解本公司最新出版書目、購書優惠或企劃活動，歡迎您上網查詢或下載相關資料：http:// www.showwe.com.tw

您購買的書名：＿＿＿＿＿＿＿＿＿＿＿＿＿＿＿＿＿＿＿＿＿＿＿

出生日期：＿＿＿＿＿年＿＿＿＿＿月＿＿＿＿＿日

學歷：□高中 (含) 以下　　□大專　　□研究所 (含) 以上

職業：□製造業　□金融業　□資訊業　□軍警　□傳播業　□自由業
　　　□服務業　□公務員　□教職　　□學生　□家管　　□其它＿＿＿

購書地點：□網路書店　□實體書店　□書展　□郵購　□贈閱　□其他

您從何得知本書的消息？

　□網路書店　□實體書店　□網路搜尋　□電子報　□書訊　□雜誌

　□傳播媒體　□親友推薦　□網站推薦　□部落格　□其他＿＿＿＿＿

您對本書的評價：（請填代號　1.非常滿意　2.滿意　3.尚可　4.再改進）

　封面設計＿＿＿　版面編排＿＿＿　內容＿＿＿　文／譯筆＿＿＿　價格＿＿＿

讀完書後您覺得：

　□很有收穫　□有收穫　□收穫不多　□沒收穫

對我們的建議：＿＿＿＿＿＿＿＿＿＿＿＿＿＿＿＿＿＿＿＿＿＿＿

＿＿＿＿＿＿＿＿＿＿＿＿＿＿＿＿＿＿＿＿＿＿＿＿＿＿＿＿＿＿＿

＿＿＿＿＿＿＿＿＿＿＿＿＿＿＿＿＿＿＿＿＿＿＿＿＿＿＿＿＿＿＿

＿＿＿＿＿＿＿＿＿＿＿＿＿＿＿＿＿＿＿＿＿＿＿＿＿＿＿＿＿＿＿

11466
台北市內湖區瑞光路 76 巷 65 號 1 樓

秀威資訊科技股份有限公司 　　收

BOD 數位出版事業部

....

（請沿線對折寄回，謝謝！）

姓　　名：＿＿＿＿＿＿＿＿　年齡：＿＿＿＿　性別：□女　□男

郵遞區號：□□□□□

地　　址：＿＿＿＿＿＿＿＿＿＿＿＿＿＿＿＿＿＿＿＿＿

聯絡電話：(日) ＿＿＿＿＿＿＿＿＿＿　(夜) ＿＿＿＿＿＿＿＿＿＿

E-mail：＿＿＿＿＿＿＿＿＿＿＿＿＿＿＿＿＿＿＿＿＿＿